D1574331

Christine Zeppezauer

Kleine Geschichten
für Krippenkinder

Lebendig vorlesen
und erzählen mit
Spielfiguren

DON
BOSCO

Gerne nehmen wir Ihre Anregungen, Wünsche, Kritik oder Fragen entgegen:
Don Bosco Medien GmbH, Sieboldstraße 11, 81669 München
anregungen@donbosco-medien.de
Servicetelefon (0 89) 4 80 08-3 41

Bibliografische Information der Deutschen Nationalbibliothek

Die Deutsche Nationalbibliothek verzeichnet diese Publikation in der Deutschen Nationalbibliografie; detaillierte bibliografische Daten sind im Internet über http://dnb.d-nb.de abrufbar.

1. Auflage 2014 / ISBN 978-3-7698-2059-1
© 2014 Don Bosco Medien GmbH, München
www.donbosco-medien.de
Umschlag: das-grafikbuero, Holzkirchen
Fotos Umschlag und innen: privat
Satz: Don Bosco Medien GmbH, München
Produktion: Don Bosco Druck & Design, Ensdorf

Gedruckt auf umweltfreundlichem Papier

Inhalt

Vorwort

In einer Zeit, in der Kinder von Hektik und einer Überfülle an äußeren Reizen umgeben sind, wirken Geschichten entspannend und tragen einen besonderen Zauber in den Alltag. Das gemeinsame Erleben von Geschichten gehört zu den beglückendsten Erfahrungen, die Erwachsene und Kinder miteinander teilen können.
Je jünger Kinder sind, desto größer ist jedoch die Herausforderung, Geschichten zu finden, die ihr Interesse wecken und ihre Aufmerksamkeit fesseln. Kindergeschichten gibt es wie Sand am Meer – aber Geschichten, die das erste Erzählen zu einer lustbetonten Erfahrung machen, sind rar gesät. Und so habe ich begonnen, meine eigenen Geschichten zu schreiben – Geschichten, zu denen mich das tägliche Beisammensein mit den Kindern meiner Krabbelgruppe inspiriert hat.

In diesem Buch finden PädagogInnen in Kleinkindgruppen und Kindergärten, Spielgruppen-LeiterInnen, interessierte Eltern und alle, die gerne erzählen, lebensnahe Geschichten für die Altersgruppe der Zwei- bis Vierjährigen. Ihre einfache Struktur, ihre altersgerechte Sprache und viele Wiederholungen machen das Zuhören für die Kleinen und das Vorlesen und Erzählen für die Großen zum Vergnügen.
Als begeisterte Erzählerin weiß ich jedoch, dass die Stimmung, in der eine Geschichte erlebt wird und die Form der Präsentation wesentlich zu ihrem Erfolg beitragen.
Und so zeigen viele Anregungen aus der Erzählpraxis, wie das Erzählen in der Familie und in Kindergruppen lebendig, spannend und unterhaltsam gestaltet werden kann.
Es wäre schön, wenn die Freude, die ich beim Schreiben, beim Erzählen und Spielen der Geschichten erlebt habe, ansteckend wirkt und Sie zum Nach-Erzählen und Nach-Spielen ermutigt. Und vielleicht haben Sie bald auch Lust, Ihrer Phantasie freien Lauf zu lassen und eigene Geschichten für Ihre Kinder zu erfinden.

Christine Zeppezauer

Die Bedeutung von Geschichten

Die Geschichten in diesem Buch knüpfen an die Erlebniswelt von Kleinkindern an und unterstützen sie dabei, sich und ihre Umwelt begreifen zu lernen, sich darin zurechtzufinden, ihre eigene Persönlichkeit zu entwickeln und sich in ihrem sozialen Umfeld zu integrieren.

Die Themen

Kleinkinder lieben es, sich selbst und ihre Umgebung in den Geschichten wiederzufinden und sich mit den handelnden Personen identifizieren zu können. Deshalb greifen die Erzählungen Alltagserlebnisse, Erfahrungen, Gefühle und Wünsche von zwei- bis vierjährigen Kindern auf und schaffen einen gemüthaften Bezug zu ihrer Umwelt.

Die Handlung

In den für diese Altersstufe typischen Reihengeschichten ist die Handlung klar strukturiert und leicht verständlich. Sich wiederholende Handlungssequenzen – immer wieder variiert – unterstützen den Erzähler und erleichtern ihm den Übergang vom Vorlesen zum Erzählen. Jede Geschichte lässt sich szenisch umsetzen und „mitspielen". Das erhöht die Spannung und ermöglicht es auch Kindern im Spracherwerb und fremdsprachigen Kindern, dem Geschehen gut folgen zu können. Durch die Verbindung von akustischen, taktilen und visuellen Reizen wird die kognitive Entwicklung gefördert und ein sinnenhaftes Erleben ermöglicht.

Die Sprache

In die Handlung eingebaute Reime, Lautmalereien und formelhafte Wendungen lassen die „Melodie der Sprache" erspüren und beleben das Erzählgeschehen. Sie unterstützen die für das spätere Lesen- und Schreibenlernen so wichtige phonologische Bewusstheit, das Erkennen der Lautstruktur der Sprache.

Die spielerische Umsetzung der Handlung hilft, die Sprachinhalte zu verdeutlichen und das Sprachverständnis zu fördern. Je unvollkommener die Sprachbeherrschung, umso wichtiger wird die szenische Darstellung des Geschehens.

Das Zuhören

Schon die Jüngsten sind fasziniert von Geschichten und von den Menschen, die sie ihnen erzählen. Sie haben eine Vorliebe dafür, Erzählungen, die ihnen gefallen, immer wieder zu hören und vertrauten Figuren in einer neuen Geschichte wieder zu begegnen.

Werden regelmäßig Geschichten erzählt, lernen die Kinder aufmerksamer zuzuhören, Zusammenhänge zu erfassen und ihre Gedächtnisleistung zu steigern. Durch das Zuhören verinnerlichen sie nicht nur die Abläufe sondern auch die Technik des Erzählens.

Die emotionale und soziale Ebene

Die Geschichten bewegen die Kinder, fördern ihre Fantasie und bereichern ihre Vorstellungswelt. Beim Zuhören, Mitleben und Nachspielen können sie im geschützten Rahmen Zugang zu ihren Emotionen finden und lernen, sie zu verstehen, auszudrücken und zu verarbeiten. Der gute Ausgang der Geschichten und ihre humorvolle Grundstimmung unterstützen und verstärken eine positive, vertrauensvolle Einstellung zum Leben.

Die räumliche und persönliche Nähe der Erzählsituation macht Geborgenheit und Gemeinschaft intensiv erlebbar, fördert ein positives Gesprächsklima und vertieft die Beziehung zwischen Erzähler und Zuhörern.

Alltagsgeschichten

Geschichten, die das nächste Umfeld des Kindes und
alltägliche Ereignisse und Erlebnisse beschreiben

Wer wohnt denn hier im Haus?

Da steht ein Haus.
Es hat viele Zimmer und auch eine Tür.
Was glaubst du wohl, wer wohnt denn hier?
Willst du mal klopfen, dann kommt wer heraus:
Ein Kind darf klopfen.

Das ist der Papa, der wohnt hier im Haus.
Hallo, Papa!
Wir winken ihm.

Und klopfst du jetzt wieder, kommt noch wer heraus:
Das ist die Mama, die wohnt hier im Haus.
Hallo, Mama!
Und klopfst du jetzt wieder, kommt noch wer heraus:
Das ist ein Bub, der wohnt hier im Haus.
Hallo, Max!
Und klopfst du jetzt wieder, kommt noch wer heraus:
Das ist ein Mädchen, das wohnt hier im Haus.
Hallo, Mia!
Und klopfst du jetzt wieder, kommt noch wer heraus:
Das ist ein Hund, der wohnt hier im Haus.
Hallo, Bello!
Und klopfst du jetzt wieder, kommt noch wer heraus:
Das ist eine Katze, die wohnt hier im Haus.
Hallo, Minki!

Sie sitzen da im Sonnenschein und später gehen sie wieder rein:
Zuerst der Papa – auf Wiedersehn, Papa!
Wir winken ihm.
Dann die Mama – auf Wiedersehn, Mama!
Dann der Max – auf Wiedersehn, Max!
Dann die Mia – auf Wiedersehn, Mia!
Dann der Hund – auf Wiedersehn, Bello!
Dann die Katze – auf Wiedersehn, Minki!
Und sind sie wieder in dem Haus –
ja dann ist die Geschichte aus.

Am Bauernhof

Max und Mia haben einen Opa. Max und Mia haben eine Oma.
Opa und Oma wohnen am Bauernhof. Neben dem Haus steht der Stall.
Im Stall gibt es viele Tiere.
Max und Mia besuchen gerne den Bauernhof.
Sie haben ihren Opa lieb. Sie haben ihre Oma lieb.
Und sie mögen die Tiere, die am Bauernhof leben.
Weißt du, welche Tiere das sind?
Nein? Dann begleiten wir Max und Mia zum Stall.
Pst – spitz die Ohren, horch einmal:
Wen hören wir denn dort im Stall?
        Iiihhhaaa!
Das ist Tobi, das schnelle Pferd.
Wenn es uns sieht, dann kommt es heraus und wiehert ganz laut: Iiihhhaaa!
Kannst du das auch?
Pst – spitz die Ohren, horch einmal:
Wen hören wir denn noch im Stall?
        Mmmuuu!
Das ist Rosi, die braune Kuh.
Wenn sie uns sieht, dann kommt sie heraus und muht ganz laut: Mmmuuu!

Kannst du das auch?
Pst – spitz die Ohren, horch einmal:
Wen hören wir denn noch im Stall?
　　　Chrrrrr!
Das ist Grunzi, das dicke Schwein.
Wenn es uns sieht, dann kommt es heraus und grunzt ganz laut: Chrrrrr!
Kannst du das auch?
Pst – spitz die Ohren, horch einmal:
Wen hören wir denn noch im Stall?
　　　Bääähhh!
Das ist Wolli, das kuschelige Schaf.
Wenn es uns sieht, dann kommt es heraus und blökt ganz laut: Bääähhh!
Kannst du das auch?
Pst – spitz die Ohren, horch einmal:
Wen hören wir denn noch im Stall?
　　　Meeehhh!
Das ist Zottel, der freche Ziegenbock.
Wenn er uns sieht, dann kommt er heraus und meckert ganz laut: Meeehhh!
Kannst du das auch?
Spitz die Ohren und horch her:
In dieser Hütte wohnt auch wer!
　　　Wauwauwau!
Das ist Bello, der wachsame Hund.
Wenn er uns sieht, dann kommt er heraus und bellt ganz laut: Wauwauwau!
Kannst du das auch?
Spitz die Ohren, schau zum Haus!
Da hört man ein Fauchen 'raus:
　　　Miauuu-miauuu!
Das ist Schnurrdibum, der listige Kater.
Wenn er uns sieht, dann kommt er heraus und faucht ganz laut: Miauuu-miauuu!
Kannst du das auch?

Pst, da war ein leiser Ton!
Bist du ganz still, hörst du ihn schon:
        Fiiip!
Das ist Fipsi, die kleine Maus.
Wenn sie uns sieht, dann kommt sie heraus und fiept ganz leise: Fiiip!
Kannst du das auch?
Und wenn alle Tiere müde sind,
kehren sie zurück geschwind:
In den Stall und in das Haus
und dann ist die Geschichte aus!

Minki, die Katze

Max und Mia sind heute sehr aufgeregt. Der Papa hat ihnen ein kleines Kätzchen mitgebracht. Schau nur, da liegt es – in sein Katzenkörbchen gekuschelt. Alle müssen das kleine Kätzchen bestaunen. „Mama, schau nur, wie süß!" – „Papa, schau nur, wie süß!" Max und Mia freuen sich sehr über das neue Kätzchen. „Es braucht einen Namen", sagt Max. „Nennen wir es doch Minki", schlägt Mia vor. Ja, Minki ist ein schöner Name, gerade recht für eine Katze.

Minki ist noch sehr klein. Und Minki ist sehr neugierig. Sie will ihr neues Zuhause kennen lernen. Schnell läuft sie aus dem Haus. Zuerst kommt sie zum Kuhstall. Rosi, die braune Kuh, schaut sie mit großen Augen an und ruft: „Muhhhuuuuu!" Da erschrickt Minki und läuft davon, so schnell sie kann. Dann kommt sie zum Hühnerstall. Hans, der Gockelhahn, sieht sie zuerst und kräht laut: „Kikerikiiiiii!" Gluck, die Henne, flattert aufgeregt: „Gackgackgack!" Und die kleinen Kücken verstecken sich unter den Flügeln ihrer Mutter. „Piep piep piep!" Da erschrickt Minki und läuft davon, so schnell sie kann. Sie huscht in eine Ecke des Hofes. Aber da ist auch schon jemand. Grunzi, das Schweinchen, wälzt sich gerade im Schlamm: „Chrrrrr!" Da erschrickt Minki und läuft davon, so schnell sie kann. Sie läuft auf die Wiese und will sich in der Sonne ausruhen. Aber da galoppiert jemand an ihr vorbei. Tobi, das Pferd, sieht die kleine Katze und wiehert laut: „Iiiiihhh!" Da erschrickt Minki und läuft davon, so schnell sie kann. Sie will wieder zurück ins Haus, zurück zu Max und Mia. Aber vor dem Haus steht Bello, der wachsame Hund. Als er die Katze sieht, beginnt er gleich laut zu bellen: „Wauwauwau!"

Zum Glück kommen gerade Max und Mia heraus: „Da bist du ja, Minki. Wir haben dich schon überall gesucht! Oh, du zitterst ja! Hab keine Angst, du wirst noch alle kennen lernen, denn jetzt gehörst du auch zu uns!" Max trägt Minki ins Haus und Mia bringt ihr eine Schale Milch.

Hm, die schmeckt aber gut. Müde kuschelt sich Minki wieder in ihr Katzenkörbchen. Hier fühlt sie sich sicher. Max und Mia streicheln sie, bis sie eingeschlafen ist.

Wo ist Mia?

Max und Mia sind am Bauernhof. Dort gibt es viel Platz zum Spielen. Und Max möchte jetzt spielen. Allein? Nein, das ist nicht fein. Max ruft: „Mia!" Aber Mia ist nicht da.

Max ruft lauter: „Mia!" Aber Mia ist noch immer nicht da.

Max ruft, so laut er kann: „Mia!" Aber Mia ist noch immer nicht da. Wo Mia wohl ist? Max muss sie suchen. Im Zimmer – ist sie nicht! Im Haus – ist sie auch nicht! Im Garten – ist sie auch nicht!

Max läuft hinüber zum Stall. Dort fragt er Tobi, das schnelle Pferd: „Hast du Mia gesehen?" Tobi schüttelt den Kopf: „Iiihhhaaa!" Dann fragt Max Rosi, die braune Kuh: „Hast du Mia gesehen?" Rosi schüttelt den Kopf: „Mmmuuu!" Dann fragt Max Grunzi, das dicke Schwein: „Hast du Mia gesehen?" Grunzi schüttelt den Kopf: „Chrrrrrrr!" Dann fragt Max Wolli, das kuschelige Schaf: „Hast du Mia gesehen?" Wolli schüttelt den Kopf: „Bääähhh!" Dann fragt Max Zottel, den frechen Ziegen-bock: „Hast du Mia gesehen?" Zottel schüttelt den Kopf: „Meeehhh!" Dann fragt Max Bello, den wachsamen Hund: „Hast du Mia gesehen?" Bello schüttelt den Kopf: „Wauwauwauuuuu!"

Wo kann Mia denn nur sein? Ob sie sich versteckt hat? Max schaut Bello an und sagt: „Such, Bello! Such Mia!" Bello stellt seine Ohren auf. Er hebt seine Nase und schnuppert. Er läuft im Stall hin und her. Und Max? Max läuft hinterdrein. Bello bellt und schaut zu Max. Nein, im Stall ist Mia nicht. Bello läuft hinaus und Max läuft hinterdrein. Draußen hebt Bello wieder seine Nase und schnuppert. Dann saust er los wie der Blitz. Ob er weiß, wo Mia steckt? Ich glaube schon!

Wo läuft er denn hin? Schau nur, er saust zur Hundehütte! Dort bleibt er stehen. Er bellt ganz laut: „Wauwauwau!" Da läuft Max auch zur Hundehütte. Er steckt seinen Kopf hinein. „Tscha!", ruft Mia. „Endlich bist du da. Ich warte schon so lange!" Schnell krabbelt sie aus der Hundehütte heraus.

„Jetzt bin ich aber dran", sagt Max. „Ich will mich auch verstecken!" Und schon saust er davon. Wo wird er sich verstecken? Dort, wo ihn Mia nicht gleich finden kann. Vielleicht hilft ihr Bello dann auch, Max zu suchen. Was meinst du?

Das Geburtstagskonzert

Opa hat Geburtstag. Max und Mia überlegen, wie sie ihm Freude machen könnten. Max hat eine Idee: „Ich singe ein Geburtstagslied für den Opa!" – „Ich singe mit!", meint Mia begeistert. „Ja, wir machen ein Geburtstagskonzert!"

Max und Mia üben schon einmal: „Alles Gute, lieber Opa, alles Gute, lieber Opa, alles Gute, lieber Opa, lieber Opa, viel Glück!"*

---

* nach der Melodie „Happy Birthday to you"

„Wer singt noch mit?", fragt Max. „Komm!", lacht Mia und läuft hinüber zum Stall. Max saust hinterdrein.

„Unser Opa hat Geburtstag und wir machen ein Geburtstagskonzert!", ruft er. „Wer singt mit?", fragt Mia.

„Iiihhhaaa!", antwortet Tobi, das schnelle Pferd. Es will auch mitsingen. Und schon wird geübt: „Alles Gute, lieber Opa, alles Gute, lieber Opa, alles Gute, lieber Opa, lieber Opa, viel Glück! Iiihhhaaa!"

„Wer singt noch mit?", fragen Max und Mia. „Mmmuuu!", antwortet Rosi, die braune Kuh. Sie will auch mitsingen. Und schon wird geübt: „Alles Gute, lieber Opa, alles Gute, lieber Opa, alles Gute, lieber Opa, lieber Opa, viel Glück! Iiihhhaaa, Mmmuuu!"

„Wer singt noch mit?", fragen Max und Mia. „Chrrrrr!", antwortet Grunzi, das dicke Schwein. Es will auch mitsingen. Und schon wird geübt: „Alles Gute, lieber Opa, alles Gute, lieber Opa, alles Gute, lieber Opa, lieber Opa, viel Glück! Iiihhhaaa, Mmmuuu, Chrrrrr!"

„Wer singt noch mit?", fragen Max und Mia. „Bääähhh!", antwortet Wolli, das kuschelige Schaf. Es will auch mitsingen. Und schon wird geübt: „Alles Gute, lieber Opa, alles Gute, lieber Opa, alles Gute, lieber Opa, lieber Opa, viel Glück! Iiihhhaaa, Mmmuuu, Chrrrrr, Bääähhh!"

„Wer singt noch mit?", fragen Max und Mia. „Meeehhh!", antwortet Zottel, der freche Ziegenbock. Er will auch mitsingen. Und schon wird geübt: „Alles Gute, lieber Opa, alles Gute, lieber Opa, alles Gute, lieber Opa, lieber Opa, viel Glück! Iiihhhaaa, Mmmuuu, Chrrrrr, Bääähhh, Meeehhh!"

„Wer singt noch mit?", fragen Max und Mia. „Wuffwuffwuff!", antwortet Bello, der wachsame Hund. Er will auch mitsingen. Und schon wird geübt: „Alles Gute, lieber Opa, alles Gute, lieber Opa, alles Gute, lieber Opa, lieber Opa, viel Glück! Iiihhhaaa, Mmmuuu, Chrrrrr, Meeehhh, Wuffwuffwuff!"

„Wer singt noch mit?", fragen Max und Mia. „Miauuu-miauuu!", antwortet Schnurrdibum, der listige Kater. Er will auch mitsingen. Und schon wird geübt: „Alles Gute, lieber Opa, alles Gute, lieber Opa, alles Gute, lieber Opa, lieber Opa, viel Glück! Iiihhhaaa, Mmmuuu, Chrrrrr, Bääähhh, Meeehhh, Wuffwuffwuff, Miauuu-miauuu!"

„Wer singt noch mit?", fragen Max und Mia. „Fiiip-fiiip!", antwortet Fipsi, die kleine Maus. Sie will auch mitsingen. Und schon wird geübt: „Alles Gute, lieber Opa, alles Gute, lieber Opa, alles Gute, lieber Opa, lieber Opa, viel Glück! Iiihhhaaa, Mmmuuu, Chrrrrr, Bääähhh, Meeehhh, Wuffwuffwuff, Miauuu-miauuu, Fiiip-fiiip!"

Was ist denn das? Der Opa im Haus lauscht: Er hört ein Singen und Klingen, ein Wiehern und Muhen, ein Grunzen und Blöken, ein Meckern und Bellen, ein Fauchen und Fiepen. Schnell läuft er hinüber zum Stall. Dort findet er Tobi und Rosi, Grunzi und Wolli, Zottel und Bello, Schnurrdibum und Fipsi und Max und Mia. „Alles Gute zum Geburtstag! Das ist dein Geburtstagskonzert!", rufen ihm die beiden Kinder zu.

Schon geht es los und alle singen kräftig mit: „Alles Gute, lieber Opa, alles Gute, lieber Opa, alles Gute, lieber Opa, lieber Opa, viel Glück! Iiihhhaaa, Mmmuuu, Chrrrrr, Bääähhh, Meeehhh, Wuffwuffwuff, Miauuu-miauuu, Fiiip-fiiip!" Der Opa ist ganz gerührt: „Das war das schönste Geburtstagskonzert, das ich je gehört habe!", sagt er. „Ich danke euch allen!" Diesen Geburtstag wird er sicher nie vergessen.

Max und die Windel

„Wuffwuffwuff!" Bello bellt und läuft ungeduldig hin und her. Er möchte schon hinaus. Aber er muss auf Max und Mama warten. „Max!", ruft die Mama. Max braucht noch eine frische Windel, bevor es losgeht. „Wuffwuffwuff!" Bello bellt lauter und läuft ungeduldig hin und her. Er möchte schon hinaus. Endlich ist Max fertig und ruft: „Komm, Bello!" Mama öffnet die Tür und Bello läuft hinaus: „Wuffwuffwuff!" Max saust hinterdrein. Mama geht mit Max und Bello auf die große Wiese. Was macht Bello? Er schnüffelt hier und schnüffelt dort. Max wirft ein Stöckchen und Bello saust los. Er schnappt das Stöckchen und trägt es im Maul wieder zu Max zurück. Das macht beiden großen Spaß. Sie spielen es noch einmal und noch einmal. Aber dann läuft Bello plötzlich zum großen Baum.

Was macht er? Ich glaube, Bello muss mal. Ja, richtig! Er hebt ein Beinchen und schon geht es los! Nachdem er fertig ist, schüttelt er sich und läuft wieder zu Max und Mama zurück. „Tüchtig, Bello!", sagt die Mama und krault ihm sein Fell. Jetzt können Max und Bello wieder Stöckchen werfen. Das macht beiden großen Spaß. Sie spielen es noch einmal und noch einmal. Als Bello und Max müde sind, geht es wieder heimwärts.

Dort wartet schon jemand auf sie. Es ist Minki, die Katze. Sie will auch mit Max spielen. Max holt den Ball mit der Schnur. Er hält ihn hoch und Minki streckt die Krallen aus. Sie versucht den Ball zu fangen. Das macht beiden großen Spaß. Sie spielen es noch einmal und noch einmal. Aber dann trippelt Minki plötzlich hinaus ins Badezimmer.

Was macht sie dort? Ich glaube, Minki muss mal. Ja, richtig! Sie setzt sich ins Katzenklo und schon geht es los. Nachdem sie fertig ist, scharrt sie Katzenstreu darüber, springt wieder heraus und säubert ihre Pfötchen. Dann läuft sie zu Max und Mama zurück. „Tüchtig, Minki!", sagt die Mama und streichelt ihr Fell. Jetzt können Max und Minki wieder mit dem Ball spielen. Das macht beiden großen Spaß. Sie spielen es noch einmal und noch einmal. Als Minki müde ist, legt sie sich ins Katzenkörbchen.

Max denkt nach. „Mama, ich brauche keine Windel mehr!", sagt er plötzlich und läuft zur Toilette. Er zieht die Windel aus und wirft sie in den Mülleimer.

Dann setzt er sich auf das Klo und schon geht es los.

Nachdem er fertig ist, wäscht er sich die Hände. Dann läuft er zurück zur Mama. „Tüchtig, Max!", sagt die Mama und gibt ihm einen dicken Kuss.

Mahlzeit!

Mmh – in der Küche riecht es gut. Die Mama hat das Mittagessen gekocht. Nun ist es fertig. „Komm, wir wollen essen", sagt sie zu Mia. „Ich mag nicht!", erwidert Mia. „Es gibt Gemüsesuppe!", sagt die Mama. „Ich mag nicht!", erwidert Mia. „Nach der Gemüsesuppe gibt es Würstchen mit Kartoffelbrei!", sagt die Mama. „Ich mag nicht!", erwidert Mia. „Nach den Würstchen mit Kartoffelbrei gibt es noch einen Obstsalat!", sagt die Mama. „Ich mag nicht!", erwidert Mia. „Schade!", meint die Mama.

Da kommt Minki, die Katze, in die Küche. „Minki, hast du Hunger?", fragt die Mama. Minki stellt den Schwanz auf und schnurrt: „Miau!" Die Mama richtet das Katzenfutter: eine Schüssel mit frischem Wasser und ein Teller mit leckerer Leber. „Mahlzeit, Minki!", sagt sie und stellt das Katzenfutter auf den Boden. Minki schleckt das Wasser auf und frisst die Leber. Schau nur, wie gut es ihr schmeckt! „Miau!" Jetzt ist Minki satt. Sie kommt zu Mia und lässt sich streicheln. Dann schleicht sie auf samtweichen Pfoten wieder davon.

Da kommt Bello, der Hund, in die Küche. „Bello, hast du Hunger?", fragt die Mama. Bello wedelt mit seinem Schwanz und bellt: „Wuff!" Die Mama richtet das Hundefutter: eine Schüssel mit frischem Wasser und ein Teller mit leckerem Fleisch. „Mahlzeit, Bello!", sagt sie und stellt das Hundefutter auf den Boden. Bello schlabbert das Wasser auf und frisst das Fleisch. Schau nur, wie gut es ihm schmeckt!

„Wuff!" Jetzt ist Bello satt. Er kommt zu Mia und lässt sich das Fell kraulen. Dann tapst er wieder davon.

Minki ist satt. Bello ist satt. Mia's Bauch fängt an zu knurren. Da fragt die Mama: „Mia, hast du Hunger?" Ja, jetzt ist Mia hungrig. Sie nimmt Mamas Hand und geht mit ihr zum gedeckten Tisch. Mia setzt sich auf ihren Sessel. Mama holt die Suppenschüssel. „Ein Schöpfer für dich und ein Schöpfer für mich", sagt sie und lächelt Mia zu: „Mahlzeit, Mia!" Mmh – die Gemüsesuppe riecht gut. Jetzt merkt Mia erst, wie hungrig sie schon ist.

„Mahlzeit, Mama!", sagt sie. Und dann lassen sich die beiden die Gemüsesuppe schmecken. Später essen sie noch Würstchen mit Kartoffelbrei. Und zum Schluss gibt es einen leckeren Obstsalat. Guten Appetit!

Vom Schlafengehen

Schau, die Sonne ist untergegangen. Draußen wird es immer dunkler und dunkler. Der Abend ist gekommen.

Nach dem Abendessen gehen Max und Mia baden und putzen ihre Zähne. Dann schlüpft Max in seinen Pyjama und Mia schlüpft in ihr Nachthemd. „So, nun husch ins Bett!", sagt die Mama und zieht die Vorhänge zu. Aber Max ist noch gar nicht müde. Mia ist auch noch gar nicht müde. „Ich mag noch nicht schlafen!", sagt Max.

„Ich mag auch noch nicht schlafen!", sagt Mia. „Ich mag schon schlafen!", sagt die Mama. „Ich bin schon so müde!" Und dann geht sie ins Badezimmer.

„Komm, wir spielen!", sagt Mia. „Oh ja!", sagt Max.

Max und Mia holen ihr Xylophon. Max schlägt die tiefen Töne und Mia die hohen. Sie machen Musik, ganz laute Musik. Und sie sind noch immer nicht müde.

Dann leeren Max und Mia ihre Bausteinkiste aus. Sie haben viele Bausteine, große und kleine. Sie bauen einen Turm, einen ganz hohen Turm. Und sie sind noch immer nicht müde.

Dann steigen Max und Mia ins Bett. Gehen sie jetzt schlafen? Nein! Sie sind noch immer nicht müde. Sie hüpfen im Bett herum. Max wirft sein Kissen zu Mia. Mia wirft ihr Kissen zu Max. Beide rollen und kugeln über die Bettdecken. Das macht Spaß! Und sie sind noch immer nicht müde. Dann holt sich Max ein Bilderbuch. Mia holt sich auch ein Bilderbuch. Sie machen es sich in ihrem Bett gemütlich. Sind sie noch immer nicht müde? Schon – aber nur ein bisschen! Sie schauen die Bilder an. Sie blättern um.

Auf einmal wird es ganz ruhig im Zimmer. Max sind die Augen zugefallen. Er schläft. Mia sind auch die Augen zugefallen. Sie schläft auch. Die Mama kommt aus dem Badezimmer. Sie will zu Max und Mia noch „Gute Nacht!" sagen. Aber die beiden schlafen schon. Vorsichtig geht sie um den hohen Turm herum. Sie stellt das Xylophon wieder auf das Regal. Sie legt die Bilderbücher auf den Tisch.

Dann deckt sie Max mit seiner Bettdecke zu. Und sie deckt Mia mit ihrer Bettdecke zu. „Gute Nacht!", flüstert sie ganz leise und küsst Max auf die Stirn. „Gute Nacht!", flüstert sie noch einmal ganz leise und küsst auch Mia auf die Stirn.

Jetzt geht die Mama ins Schlafzimmer. Sie ist so müde. Sie will jetzt auch schlafen. Gute Nacht, Mama!

Der Teddy

Max hat einen Teddy. Sein Fell ist braun und kuschelig. Seine Augen glänzen lustig und seine Nase ist warm und weich. Und manchmal brummt er ganz laut, so: „Bruuummm!" Max spielt gern mit seinem Teddy. Heute nimmt er ihn mit in den Garten. Er holt sein Auto und setzt sich darauf. Und der Teddy? Der fährt natürlich mit. Brrrrr, brrrrr, schon geht es los. Gestern hat es geregnet. Im Garten sind viele Pfützen. Max fährt mit seinem Auto zwischendurch. Er macht das so gut, dass sein Auto gar nicht nass wird.

Da kommt Mia. Sie möchte auch im Garten herumfahren. Sie holt ihr Fahrrad mit dem Korb und setzt sich darauf. Ihr Fahrradkorb ist leer. Mia möchte den Teddy in den Korb setzen. Sie steigt vom Rad und holt ihn vom Auto herunter. Schnell steckt sie ihn in ihren Fahrradkorb, steigt wieder auf ihr Rad und fährt los. „Das ist mein Teddy!", ruft Max empört. Mia fährt so schnell sie kann mit ihrem Fahrrad zwischen den Pfützen hindurch. „Gib mir meinen Teddy wieder!" Max ist zornig. Er steigt von seinem Auto und läuft hinter Mia her. „Ich will meinen Teddy!", schreit er, so laut er kann. Und gleich hat er ihn. Er reißt ihn so heftig aus dem Fahrradkorb heraus, dass das Fahrrad mit Mia umfällt – mitten hinein in eine große schmutzige Pfütze. Mia sitzt mitten in der großen schmutzigen Pfütze und ist pitschepatschenass. Jetzt schreit Mia, so laut sie kann – so laut, bis der Papa kommt.

„Was ist denn da los?", fragt er und holt Mia aus der großen schmutzigen Pfütze heraus. Dann hebt er das Fahrrad auf. Er schaut Max und Mia an. Max hält seinen Teddy ganz fest im Arm und blickt ganz böse zu Mia. Mia blickt ganz böse zurück zu Max. „Kommt mit!", sagt der Papa und geht mit ihnen ins Haus. „Max, holst du bitte ein neues Kleid für Mia?", fragt er. Er zieht Mia das nasse Kleid aus und rubbelt sie mit dem Handtuch wieder trocken. Max bringt für Mia ein neues Kleid. Er schaut sie noch immer ganz böse an. Und Mia schaut noch immer den Max ganz böse an. Als sie fertig angezogen ist, holt der Papa ihre Puppe Lilo. „Ich glaube, Lilo möchte auch mit in den Garten!", sagt er und drückt sie Mia in die Hand.

Mia spielt gerne mit der Puppe Lilo. Sie nimmt sie mit hinaus in den Garten. Sie setzt die Puppe Lilo in den Korb ihres Fahrrads. Dann steigt sie auf und fährt vorsichtig zwischen den Pfützen hindurch. Sie macht das so gut, dass ihr Fahrrad gar nicht nass wird. Max holt wieder sein Auto und setzt sich drauf. Und der Teddy? Der fährt natürlich wieder mit ihm mit. Max fährt vorsichtig zwischen den Pfützen hindurch. Er macht das so gut, dass sein Auto gar nicht nass wird. Bald fahren Max und Mia immer schneller und schneller. Das macht Spaß. Der Teddy freut sich. Die Puppe Lilo freut sich auch. Max schaut zu Mia und lächelt sie an. Mia schaut zu Max und lächelt zurück.

Beide passen gut auf, dass niemand in eine Pfütze fällt – auch nicht der Teddy und auch nicht die Puppe Lilo.

Der Besuch

Oma und Opa sind ganz allein. „Weißt du was?", sagt die Oma, „wir laden am Sonntag Gäste ein. Ich backe uns etwas Feines und du zeigst ihnen den Garten!" – „Das ist eine gute Idee", meint der Opa und geht gleich zum Telefon. Wen hat er eingeladen? Papa und Mama, Max und Mia, Onkel Fritz und Tante Grete, Peter und Anne. Ob sie wohl am Sonntag alle kommen werden? Hoffentlich! Bis dahin gibt es aber noch viel zu tun: Der Opa macht den Garten sauber. Er stellt einen langen Tisch, Sessel und Bänke auf. Und die Oma? Die bäckt zwei leckere Torten. Endlich ist es so weit. Opa und Oma sind schon sehr aufgeregt. Schau nur, wie schön sie den Tisch gedeckt haben! Und kaum ist alles fertig, sind auch schon die ersten Gäste da.

Wer ist das? Es ist Tante Grete. Sie kommt zu Fuß. „Guten Tag, danke für die Einladung!" – „Schön, dass du da bist. Bitte, nimm doch Platz!", freuen sich Oma und Opa.

Brrr, brrr, brrr! Wer ist das? Es ist Onkel Fritz. Er kommt mit seinem Motorrad. Wo kann er es abstellen? Dort auf dem Parkplatz. „Guten Tag, danke für die Einladung!" – „Schön, dass du da bist. Bitte, nimm doch Platz!", freuen sich Oma und Opa.

Klingeling! Wer ist das? Es ist Anne. Sie kommt mit ihrem Fahrrad. Wo kann sie es abstellen? Dort auf dem Parkplatz. „Guten Tag, danke für die Einladung!" – „Schön, dass du da bist. Bitte, nimm doch Platz!", freuen sich Oma und Opa.

Chrrr, chrrr, chrrr! Wer ist das? Es ist Peter. Er kommt mit seinem Dreirad. Wo kann er es abstellen? Dort auf dem Parkplatz. „Guten Tag, danke für die Einladung!" – Schön, dass du da bist. Bitte, nimm doch Platz!", freuen sich Oma und Opa.

Tüt, tüt, tüt! Wer ist das? Es sind Mama und Papa, Max und Mia. Sie kommen mit dem Auto. Wo können sie es abstellen? Dort auf dem Parkplatz. „Guten Tag, danke für die Einladung!" – „Schön, dass ihr da seid. Bitte, nehmt doch Platz!", freuen sich Oma und Opa.

Nun sind alle Gäste da. Die Oma holt die erste Torte und stellt sie auf den Tisch. Der Opa holt die zweite Torte und stellt sie auf den Tisch. Dazu gibt es Saft und Kakao für die Kinder und Kaffee für die Großen. „Mmh, lecker!" – Nun wird gegessen und getrunken und alle lassen es sich gut schmecken. Dann spielen Max und Mia mit Peter und Anne Fangen und Verstecken. Und Mama und Papa, Onkel Fritz und Tante Grete bewundern den schönen Garten. Alle sind zufrieden und glücklich. Aber auch der schönste Nachmittag geht einmal zu Ende und die Gäste müssen wieder nach Hause.

„Dankeschön, auf Wiedersehn!", sagt Tante Grete und macht sich zu Fuß auf den Heimweg. Oma und Opa winken ihr nach: „Komm gut heim!"

„Dankeschön, auf Wiedersehn!", sagt Onkel Fritz, steigt auf sein Motorrad und fährt los: Brrr, brrr, brrr! Oma und Opa winken ihm nach: „Komm gut heim!"

„Dankeschön, auf Wiedersehn!", sagt Anne, steigt auf ihr Fahrrad und fährt los: Klingeling! Oma und Opa winken ihr nach: „Komm gut heim!"

„Dankeschön, auf Wiedersehn!", sagt Peter, steigt auf sein Dreirad und fährt los: Chrrr, chrrr, chrrr! Oma und Opa winken ihm nach: „Komm gut heim!"

„Dankeschön, auf Wiedersehn!", sagen Mama und Papa, Max und Mia, steigen in das Auto und fahren los: Tüt, tüt, tüt! Oma und Opa winken ihnen nach: „Kommt gut heim!"

Als alle Gäste weg sind, räumen Oma und Opa noch auf. „Das war ein schöner Tag!", sagt die Oma. „Und bald werden wir uns wieder Gäste einladen!", sagt der Opa. Jetzt sind sie aber müde. Sie gehen ins Haus und ruhen sich aus.

Der Herbst ist da

Max guckt durch das Fenster. Er sieht die bunten Blätter von den Bäumen fallen. Mia guckt durch das Fenster. Sie sieht, wie der Herbstwind die Blätter durch die Luft wirbelt. Bello guckt auch durch das Fenster. Er sieht einen großen Blätterhaufen mitten auf der Wiese. „Wuffwuffwuffwuff!", bellt er und kann es kaum erwarten, endlich rauszukommen. Max und Mia nehmen ihren Korb und schon geht es hinaus auf die große grüne Wiese. Hui – sieh nur, wie lustig der Herbstwind die bunten Blätter tanzen lässt. „Wuffwuffwuffwuff!", bellt Bello und jagt ihnen nach.

„Komm, Bello!", ruft Max und läuft hinüber zum Kastanienbaum. Mia folgt ihm mit dem Korb. Bello saust wie der Blitz hinterher. Doch plötzlich springt er erschrocken zur Seite: Plumps! Beinahe wäre ihm etwas auf den Kopf gefallen. Was ist das? „Schau – eine Kastanie!", sagt Max und hebt sie auf. „Da sind noch viele!", erwidert Mia und sammelt sie ein. Bello hilft fleißig mit: Er schnappt ein paar Kastanien und lässt sie in den Korb plumpsen. „Guter Hund!", lobt ihn Mia und streichelt sein weiches Fell.

„Komm, Bello!", ruft sie und läuft hinüber zur großen Eiche. Max folgt ihr mit dem Korb. Bello saust wie der Blitz hinterher. Doch plötzlich springt er erschrocken zur Seite: Plumps! Beinahe wäre ihm wieder etwas auf den Kopf gefallen. Was ist das? „Schau – eine Eichel!", sagt Mia und hebt sie auf. „Da sind noch viele!", erwidert Max und sammelt sie ein. Bello hilft fleißig mit: Er schnappt ein paar Eicheln und

lässt sie in den Korb plumpsen. „Guter Hund!", lobt ihn Max und streichelt sein weiches Fell. „Wuffwuffwuffwuff!", bellt Bello und saust wie der Blitz davon.
Wo läuft er denn hin? Zum Kastanienbaum? Nein! Zurück zur Eiche? Nein! Er setzt sich unter die Buche und wartet auf Max und Mia. Ob sie ihm nachlaufen? Nein! Sie müssen ja ihren Korb mitnehmen. Gemeinsam tragen sie ihn zur Buche und stellen ihn ab. Doch plötzlich springen sie erschrocken zur Seite: Plumps! Beinahe wäre ihnen etwas auf den Kopf gefallen. Was ist das? „Schau – eine Buchecker!", sagt Max und hebt sie auf. „Da sind noch viele!", erwidert Mia und sammelt sie ein. Bello hilft fleißig mit: Er schnappt ein paar Bucheckern und lässt sie in den Korb plumpsen. „Guter Hund!", loben ihn Max und Mia und streicheln sein weiches Fell. Der Korb ist nun bis oben voll mit Bucheckern, Eicheln und Kastanien. Gemeinsam tragen ihn Max und Mia zurück zum Haus. Bello läuft neben ihnen her. Weil er so brav geholfen hat, bekommt er sicher ein Leckerli. Und was werden Max und Mia mit den Kastanien, den Eicheln und den Bucheckern wohl anfangen?
Das werde ich dir ein anderes Mal erzählen!

Ein lustiges Spiel

Weißt du noch, was Max und Mia gestern gemacht haben? Ja, genau! Sie haben viele Kastanien gesammelt. Und sie haben viele Eicheln gesammelt. Und sie haben viele Bucheckern gesammelt. Und der Bello hat ihnen dabei geholfen.

Was machen Max und Mia jetzt mit den vielen Kastanien, mit den vielen Eicheln und mit den vielen Bucheckern? Schau, nur – gerade holen sie den vollen Korb herein ins Zimmer und stellen ihn auf den Teppich. Max setzt sich links neben den Korb und Mia setzt sich rechts neben den Korb. Wo ist Bello? Er hat es sich dort in der Ecke auf seiner Hundedecke gemütlich gemacht. Verschlafen blinzelt er zu den beiden herüber. Jetzt nimmt Max ein paar Kastanien aus dem Korb und legt damit auf dem Teppich einen Kreis. Dazu legt er eine Eichel und noch eine Eichel und noch eine Eichel – macht drei. Eine Buchecker und noch eine Buchecker macht zwei – fertig ist die Zauberei! Schau nur – Max hat ein Gesicht gelegt. „Das bin ich!", sagt er. Mia klatscht begeistert in die Hände. Nun nimmt sie ein paar Kastanien aus dem Korb und legt damit auf dem Teppich einen Kreis. Dazu legt sie eine Eichel und noch eine Eichel und noch eine Eichel – macht drei. Eine Buchecker und noch eine Buchecker macht zwei – fertig ist die Zauberei! Schau nur – Mia hat auch ein Gesicht gelegt. „Das bin ich!", sagt sie. Max klatscht begeistert in die Hände.

Da kommt die Mama ins Wohnzimmer. Sie setzt sich zu Max und Mia auf den Teppich. Sie bewundert das Max-Gesicht und sie bewundert das Mia-Gesicht. Sie klatscht begeistert in die Hände und dann nimmt sie ein paar Kastanien aus dem Korb und legt damit auf dem Teppich einen Kreis. Dazu legt sie eine Eichel und noch eine Eichel und noch eine Eichel – macht drei. Eine Buchecker und noch eine Buchecker macht zwei – fertig ist die Zauberei! Schau nur – die Mama hat auch ein Gesicht gelegt. „Das bist du, Mama!", rufen Max und Mia und klatschen begeistert in die Hände.

Ich bin schon sehr neugierig, was sie wohl noch alles gelegt haben. Du auch? Vielleicht gar ein ganz ein wildes Tier? Was meinst denn du? Komm, legen auch wir!

Tiergeschichten

Geschichten, die das Kind für seine Umwelt sensibilisieren und sich symbolhaft auf der Gefühlsebene mit kindlichen Erfahrungen befassen

Der Igel und der Wind

Das ist die große grüne Wiese. Das ist ein Tannenbaum. Das ist ein Apfelbaum. Das ist ein Ahornbaum. Und was ist das?

Pst – sei still, ich hör etwas!

Da kommt doch wer! Wer ist denn das?

Tippe-tapp, tippe-tapp, wer kann das sein?

Schau – es ist ein Igelein!

Es ist gerade aufgewacht und reckt sich und streckt sich und stellt seine spitzen Stacheln auf. „Guten Morgen! Ist heute nicht ein schöner Tag? Da könnte ich doch einen Spaziergang machen!" Und schon trippelt der Igel davon – tippe-tapp, tippe-tapp, tippe-tippe-tippe-tapp – geradewegs zum Tannenbaum.

Pst – sei still, ich hör etwas!

Da kommt doch wer! Wer ist denn das?

Ei – wer bläst da so geschwind?

Horch einmal, das ist der Wind!

Sch-sch-sch – er rüttelt den Tannenbaum. Sch-sch-sch – er schüttelt den Tannenbaum. Plumps – da fällt etwas herunter. Autsch – genau auf den kleinen Igel. Was ist denn das? Ein Zapfen! Der kleine Igel guckt. Der kleine Igel schnuppert. Was macht er wohl mit dem Zapfen? Er schubst ihn mit seiner Igelnase – hin und her, her und hin – wie einen Ball. Ei, das macht Spaß! Aber dann hat der kleine Igel genug und trippelt wieder weiter – tippe-tapp, tippe-tapp, tippe-tippe-tippe-tapp – geradewegs zum Apfelbaum.

Pst – sei still, ich hör etwas!

Da kommt doch wer! Wer ist denn das?

Ei – wer bläst da so geschwind?

Horch einmal, das ist der Wind!

Sch-sch-sch – er rüttelt den Apfelbaum. Sch-sch-sch – er schüttelt den Apfelbaum. Plumps – da fällt etwas herunter. Autsch – genau auf den kleinen Igel. Was ist denn das? Ein Apfel! Der kleine Igel guckt. Der kleine Igel schnuppert. Was macht er wohl mit dem Apfel? Er beißt hinein – schmatz, schmatz, schmatz. Ei, das schmeckt fein! Aber dann ist der kleine Igel satt und trippelt wieder weiter – tippe-tapp, tippe-tapp, tippe-tippe-tippe-tapp – geradewegs zum Ahornbaum.

Pst – sei still, ich hör etwas!

Da kommt doch wer! Wer ist denn das?

Ei – wer bläst da so geschwind?

Horch einmal, das ist der Wind!

Sch-sch-sch – er rüttelt den Ahornbaum. Sch-sch-sch – er schüttelt den Ahornbaum. Rischel-raschel – da fällt etwas herunter. Autsch – genau auf den kleinen Igel. Was ist denn das? Viele, viele bunte Blätter! Sie decken den kleinen Igel zu. Wo ist denn der kleine Igel jetzt? Schau, da guckt seine Igelnase hervor. Und jetzt der ganze Igelkopf. Der kleine Igel guckt. Der kleine Igel schnuppert. Was macht er wohl mit den vielen Blättern? Er kuschelt sich in den Blätterhaufen hinein. Ei, das ist gemütlich – gerade recht für einen müden Igel. Da will er jetzt bleiben. Er reckt sich und streckt sich und dann rollt er sich zusammen. Warm ist es im Blätterhaufen und ganz, ganz weich. Uaahhh – da lässt es sich gut ruhen.

Schlaf gut, kleiner Igel!

Pass auf, kleine Maus!

Schau, dort in einem kleinen Loch unter dem Holzstoß wohnen Mama-Maus und die kleine Maus. Sie gucken aus dem Mauseloch heraus. Hallo, Mama-Maus! Hallo, kleine Maus!

Heute Nacht hat es geschneit. Schau nur, wie schön der Schnee glitzert! Die kleine Maus möchte gleich hinaus, aber Mama Maus sagt:

„Liebes Mäuschen, bleib im Haus
und geh bitte nicht hinaus –
denn der Kater Schnurrdibum,
der schleicht heut im Garten rum!"

Doch die kleine Maus vergisst alles, als sie den weißen, glitzernden Schnee sieht. Schon läuft sie los. Schau nur, man kann ihre winzigen Spuren im Schnee ganz deutlich sehen! Ach, ist es herrlich im Schnee zu spielen!

Mitten im Garten steht ein Baum. Ganz oben auf einem dicken Ast sitzt ein kleiner Vogel. Er schaut der kleinen Maus beim Spielen zu. Pst – horch! Was ist denn das? Leise, ganz leise schleicht jemand in den Garten. Wer kann das sein? Ist es vielleicht der Kater Schnurrdibum? Ja, er ist es! Und er ist heute sehr hungrig. Zum Glück hat ihn der kleine Vogel am Baum gesehen:

> „Piep! Pass auf, kleine Maus – denn der Kater Schnurrdibum,
> der schleicht heut im Garten rum!"

Arme kleine Maus! Wo kannst du dich verstecken? Vielleicht dort hinter dem großen Stein! Ja, gerettet! Der kleine Vogel am Baum aber ruft:

> „Piep! Pass auf, kleine Maus – denn der Kater Schnurrdibum
> schleicht jetzt um den Stein herum!"

Arme kleine Maus! Wo kannst du dich verstecken? Vielleicht dort oben am Hügel? Ja, gerettet! Der kleine Vogel am Baum aber ruft:

> „Piep! Pass auf, kleine Maus – denn der Kater Schnurrdibum
> schleicht jetzt um den Hügel rum!"

Arme kleine Maus! Wo kannst du dich verstecken? Vielleicht auf dem Kopf vom Schneemann? Ja, gerettet! Der kleine Vogel am Baum aber ruft:

> „Piep! Pass auf, kleine Maus – denn der Kater Schnurrdibum
> schleicht jetzt um den Schneemann rum!"

Arme kleine Maus! Wo kannst du dich verstecken? Die kleine Maus zittert vor Angst. Sie ist schon so müde. Wo kann sie sich denn noch verstecken? O weh! Der Kater Schnurrdibum kommt immer näher und näher und … da geht zum Glück die Haustüre auf. Wer kommt heraus? Schau nur, das ist Mia. Sie ruft: „Schnurrdibum, wo bist du? Ich habe etwas Gutes für dich! Magst du eine Schale Wasser und eine Schüssel Leber?" Miau! Das hört sich ja gut an. Wasser und Leber? Da kann kein Kater widerstehen. Mit einem Satz springt Schnurrdibum davon und verschwindet hinter Mia im Haus.

Gerettet, kleine Maus! Beinahe hätte dich der Kater Schnurrdibum erwischt! „Danke, lieber Vogel!", fiept die kleine Maus. Jetzt schnell ins Mauseloch zurück! Dort bist du in Sicherheit. Schau nur – jetzt ist die kleine Maus wieder daheim. Sie kuschelt sich zitternd an Mama-Maus. Ach, tut das gut! Jetzt kann ihr nichts mehr passieren. Niemand kann in das Mauseloch – nicht einmal der Kater Schnurrdibum! Mama-Maus sagt: „Das war ein Abenteuer! Komm, ruh dich ein bisschen aus, meine liebe kleine Maus!" Die kleine Maus gähnt und gähnt und schläft gleich ein. Hoffentlich träumt sie nicht vom Kater Schnurrdibum!

Der Marienkäfer

Der kleine Marienkäfer hat den ganzen langen Winter im Baum unter der Rinde geschlafen. Dort ist es dunkel und warm gewesen und er hat nichts von der Kälte und dem Schnee gespürt. Doch nun ist er wach geworden. „Jetzt will ich einmal schauen, ob der Frühling schon da ist!", sagt er und krabbelt unter der Rinde hervor. Draußen ist es ganz hell und noch ein bisschen kalt. Es sind noch gar keine Blumen zu sehen, oder doch? Schau nur, dort blühen schon ein paar Schneeglöckchen! Es sind noch keine anderen Tiere zu sehen, oder doch?
Schau nur, dort ist ein Blätterhaufen! Da krabbelt der kleine Marienkäfer schnell hin. „Bitte sehr, wohnt da wer?", fragt er. Wer guckt denn da heraus? Es ist der kleine Igel. Er sagt: „Nanu, was willst denn du?" – „Ich suche den Frühling!" antwortet der Marienkäfer.

„Es scheint, der Frühling hat noch keine Eile,
ich glaub, ich schlaf noch eine Weile",

meint der Igel und verschwindet wieder in seinem Blätterhaufen. Schau nur, dort ist ein hoher Baum! Da krabbelt der kleine Marienkäfer schnell hin. „Bitte sehr, wohnt da wer?", fragt er. Wer saust da ganz schnell den Baumstamm herunter? Es ist das flinke Eichhörnchen. Es sagt: „Nanu, was willst denn du?" – „Ich suche den Frühling!", antwortet der Marienkäfer.

„Es scheint, der Frühling hat noch keine Eile,
ich glaub, ich schlaf noch eine Weile",

meint das Eichhörnchen und klettert wieder hinauf zu seinem Nest hoch oben in den Zweigen. Schau nur, dort ist ein Erdhaufen! Da krabbelt der kleine Marienkäfer schnell hin. „Bitte sehr, wohnt da wer?", fragt er. Wer steckt da sein Köpfchen heraus? Schau nur, es ist ein Maulwurf. Er sagt: „Nanu, was willst denn du?" – „Ich suche den Frühling!", antwortet der Marienkäfer.

„Es scheint, der Frühling hat noch keine Eile,
ich glaub, ich schlaf noch eine Weile",

meint der Maulwurf und zieht seinen Kopf wieder ein.
Der kleine Marienkäfer aber krabbelt zurück zu seinem Baum. Er ist ganz traurig. Wie lange soll er denn noch auf den Frühling warten? Schau nur, da fliegt ein kleiner Vogel herbei. Er sagt: „Nanu, was machst denn du?" – „Ich bin der Marienkäfer und suche den Frühling! Aber er ist noch immer nicht da. Alle Tiere und Blumen schlafen noch – nur das Schneeglöckchen ist schon wach!" – „Sei nicht traurig, kleiner Käfer!", antwortet der Vogel. „Ich spüre es am frischen Wind, der manchmal schon meine Federn streichelt und an der Sonne, die mich an manchen Tagen schon sanft wärmt, dass der Frühling nicht mehr weit ist. Ruh dich noch ein bisschen aus. Und ist der Frühling dann da, dann weck' ich dich sicher – das versprech' ich dir, ja!" Da kriecht unser Käferlein wieder zurück unter die Rinde.

Pst, es schläft noch eine Weile –
der Frühling hat noch keine Eile.

Wo wohnst du?

Schau, das ist die kleine Schnecke. Auf ihrem Rücken trägt sie ein wunderschönes Schneckenhaus. Da wohnt die kleine Schnecke. Wenn sie müde ist, zieht sie sich zurück in das Schneckenhaus. Und wenn sie munter ist, dann kommt sie wieder heraus. Langsam kriecht die kleine Schnecke durch das grüne Gras. Horch einmal, was ist denn das? Sss-sss-sss-sss!

Da kommt eine Biene geflogen und setzt sich neben die Schnecke auf ein Gänse-blümchen. Erstaunt blickt die kleine Schnecke auf: Hat die Biene auch ein Haus am Rücken? Nein, nur schwarze und gelbe Streifen!

    „Liebe Biene, hör mir zu,
    ich weiß nicht, wo wohnst denn du?"

Da lacht die Biene:
    „Ei, du liebes Schneckenkind,
    das zeig ich dir ganz geschwind.
    Ich wohn dort im Bienenhaus.
    Fliege rein und wieder raus,
    fliege raus und wieder rein,
    nirgends wohnt es sich so fein."

„Dankeschön, auf Wiedersehn!", sagt die kleine Schnecke und kriecht weiter durch das grüne Gras. Horch einmal, was ist denn das? Ziwitt-ziwitt-ziwitt!

Da kommt ein Vogel geflogen und setzt sich neben die Schnecke ins Gras. Erstaunt blickt die kleine Schnecke auf: Hat der Vogel auch ein Haus am Rücken? Nein, nur weiche braune Federn!

„Lieber Vogel, hör mir zu,
ich weiß nicht, wo wohnst denn du?"

Da lacht der Vogel:

„Ei, du liebes Schneckenkind,
das zeig ich dir ganz geschwind.
Hab mein Nest am Baume hier
in der Krone über dir.
Fliege raus und wieder rein,
nirgends wohnt es sich so fein."

„Dankeschön, auf Wiedersehn!", sagt die kleine Schnecke und kriecht weiter durch das grüne Gras. Horch einmal, was ist denn das? Pstpstpstpstpst!

Da kommt ein Füchslein geschlichen und setzt sich neben die Schnecke ins Gras. Erstaunt blickt die kleine Schnecke auf: Hat das Füchslein auch ein Haus am Rücken? Nein, nur einen rotbraunen Pelz!

„Liebes Füchslein, hör mir zu,
ich weiß nicht, wo wohnst denn du?"

Da lacht das Füchslein:

„Ei, du liebes Schneckenkind,
das zeig ich dir ganz geschwind.
In meiner Höhle wohne ich,
tief im Wald findest du mich.
Schleiche raus und wieder rein,
nirgends wohnt es sich so fein."

„Dankeschön, auf Wiedersehn!", sagt die kleine Schnecke und kriecht weiter durch das grüne Gras. Horch einmal, was ist denn das? Bäääh-bäääh-bäääh!

Da kommt ein Schäfchen gesprungen und rupft neben der Schnecke das frische grüne Gras ab. Erstaunt blickt die kleine Schnecke auf: Hat das Schäfchen auch ein Haus am Rücken? Nein, nur weißes wolliges Haar!

„Liebes Schäfchen, hör mir zu,
ich weiß nicht, wo wohnst denn du?"
Da lacht das Schäfchen:
„Ei, du liebes Schneckenkind,
das zeig ich dir ganz geschwind.
Ich wohne mit den Schafen all'
dort ganz hinten in dem Stall.
Laufe raus und wieder rein,
nirgends wohnt es sich so fein."
„Dankeschön, auf Wiedersehn!", sagt die kleine Schnecke und kriecht weiter durch das grüne Gras. Horch einmal, was ist denn das? Tirallalla-tirallalla-tiritirallalla!
Da kommt ein Kind daherspaziert und bückt sich zur Schnecke herunter. Erstaunt blickt die kleine Schnecke auf: Hat das Kind auch ein Haus am Rücken? Nein, nur einen blauen Rucksack!
„Liebes Kind, höre mir zu,
ich weiß nicht, wo wohnst denn du?"
Da lacht das Kind:
„Ei, du liebes Schneckenkind,
das zeig ich dir ganz geschwind.
Ich wohne dort im Ziegelhaus.
Gehe rein und wieder raus,
gehe raus und wieder rein,
nirgends wohnt es sich so fein."
„Dankeschön, auf Wiedersehn!", sagt die kleine Schnecke und kriecht weiter durch das grüne Gras. Und weil sie vom weiten Weg schon ganz müde ist, zieht sie sich in ihr Schneckenhaus zurück.
So ein Schneckenhaus ist fein,
man kann jederzeit hinein.
Man kann jederzeit heraus,
ist besser als sonst jedes Haus.
Und zum ganz großen Entzücken
passt's auf jeden Schneckenrücken!

Klein-Häschen

„Heute machen wir einen Ausflug!", sagt Papa Hase. „Das ist eine gute Idee!", antwortet Mama Hase. „Oh, fein!", ruft Klein-Häschen und macht vor Freude einen
Luftsprung. Heute ist wirklich ein schöner Tag – gerade recht für einen Ausflug. Die
Sonne scheint hell und warm. Der Wind streicht sanft durch das Gras und die Vögel
singen ihr Morgenlied. Die drei Hasen verlassen ihre Höhle und machen sich auf
den Weg. Klein-Häschen fühlt, wie die warmen Sonnenstrahlen sein Fellchen streicheln. Klein-Häschen spürt, wie der sanfte Wind sein Näschen kitzelt. Klein-Häschen hört, wie fröhlich die Vögel zwitschern. Klein-Häschen ist glücklich. „Schön ist
es auf der Welt zu sein!", denkt er und hoppelt zufrieden hinter seinen Eltern her.
Und was es bei einem Spaziergang alles zu sehen gibt. Klein-Häschen guckt hierhin und dorthin. Und was es bei einem Spaziergang alles zu riechen gibt. Klein-
Häschen schnuppert hierhin und dorthin. Upps – was ist denn das?
Ein kleiner Schmetterling flattert zwischen den Blumen herum. Dann setzt er sich
auf eine Blüte und klappt seine Flügel auf und zu. „Bist du aber schön!", sagt
Klein-Häschen bewundernd. Da erhebt sich der Schmetterling wieder und schwebt
davon. Und Klein-Häschen hoppelt hinterher. Einmal hierhin und einmal dorthin
flattert der wunderschöne Schmetterling. Einmal hierhin und einmal dorthin hoppelt Klein-Häschen hinterdrein. Doch plötzlich ist der Schmetterling verschwunden.
Klein-Häschen guckt sich um. Kein Schmetterling weit und breit. O je! Wo ist denn

Mama Hase? Auch nicht mehr da. Und auch kein Papa Hase. Klein-Häschen hat sie beim Herumhoppeln verloren. Er weiß, dass sie sich schrecklich Sorgen machen werden. Und das alles nur, weil er nicht aufgepasst hat! Sicher werden sie ihn schon überall suchen. Aber wenn sie ihn nicht finden, was dann? Sein Herzchen pocht ganz stark und Klein-Häschen zittert. Hätte er doch besser aufgepasst!

Plötzlich setzt sich neben ihn ein kleiner Vogel ins Gras. „Hallo, wer bist denn du?", fragt er. „Ich bin Klein-Häschen und suche meine Mama und meinen Papa." – „Soll ich dir helfen?", fragt der Vogel freundlich. Klein-Häschen nickt so fest, dass seine kleinen Löffelohren nur so wackeln. „Warte hier auf mich!", befiehlt der kleine Vogel und fliegt davon. Er kreist eine Weile über der großen Wiese und hält Ausschau nach zwei großen Hasen. Und schon hat er sie gefunden. Sie hoppeln aufgeregt herum und gucken unter jeden Strauch und hinter jeden Baum. „Sucht ihr etwa Klein-Häschen?", ruft ihnen der Vogel zu. „Ja, woher weißt du das?", fragen sie verwundert. „Er hat sich verlaufen und ich habe ihn gefunden!", erwidert der Vogel. „Kommt mit mir, ich bringe euch zu ihm!" Ach, wie sind Papa und Mama Hase froh. Sie haben sich schon solche Sorgen um Klein-Häschen gemacht. Eilig hoppeln sie dem kleinen Vogel nach, der gradewegs vor ihnen her fliegt.

„Da ist er ja, da ist er ja!", ruft Mama Hase aufgeregt, als sie Klein-Häschen im Gras sitzen sieht. Papa Hase schließt Klein-Häschen fest in seine Arme und drückt ihn an sich. Mama Hase herzt ihn und küsst ihn. Und Klein-Häschen ist so froh, sie wieder zu sehen. „Danke, kleiner Vogel!", ruft er dann. Ach, wie schön ist es, wieder bei Papa und Mama zu sein. „Danke, kleiner Vogel!", rufen auch Mama und Papa Hase. Der kleine Vogel fliegt wieder hoch hinauf in den blauen Himmel.

Die drei Hasen machen sich auf den Heimweg. Die Sonne scheint hell und warm. Der Wind streicht sanft durch das Gras und die Vögel singen ihr Morgenlied. Klein-Häschen fühlt, wie die warmen Sonnenstrahlen sein Fellchen streicheln. Klein-Häschen spürt, wie der sanfte Wind sein Näschen kitzelt. Klein-Häschen hört, wie fröhlich die Vögel zwitschern. Klein-Häschen ist wieder glücklich. „Schön ist es auf der Welt zu sein!", denkt er und hoppelt zufrieden hinter seinen Eltern her.

Episodengeschichte
Der kleine Vogel

1. Episode

Horch, wer ruft da? Schau, wer hat sich denn da zu uns gesetzt? Es ist ein kleiner Vogel. Vielleicht hat er Hunger. Magst du Beeren? Körner? Einen Wurm? Nein, hungrig ist er nicht! Vielleicht hat ihn jemand erschreckt? Die Katze? Ein Raubvogel? Der Rasenmäher? Nein, erschreckt hat ihn auch nichts! Ob er wohl traurig ist? Ja, das ist es!

Warum bist du denn so traurig, kleiner Vogel?

    „Ich möchte, dass jemand mit mir fliegt – hoch hinauf

    zum blauen Himmel und wieder zurück."

Hm, wer kann dem kleinen Vogel helfen?

Vielleicht der schwarze Maulwurf, der dort aus dem Erdhaufen guckt? Schnell fliegt der kleine Vogel hin:

    „Willst du mit mir fliegen – hoch hinauf

    zum blauen Himmel und wieder zurück?",

fragt er den schwarzen Maulwurf. Der Maulwurf schüttelt den Kopf: „Ich kann mich durch die Erde wühlen, aber fliegen kann ich nicht." Und schwupp – ist er schon wieder in seinem Erdloch verschwunden.

Hm, wer kann dem kleinen Vogel sonst noch helfen?

Vielleicht der Igel, der sich dort im Blätterhaufen versteckt? Schnell fliegt der kleine Vogel hin:

> „Willst du mit mir fliegen – hoch hinauf
> zum blauen Himmel und wieder zurück?",

fragt er den stacheligen Igel. Der Igel schüttelt den Kopf: „Ich kann meine spitzen Stacheln aufstellen, aber fliegen kann ich nicht." Und schwupp – ist er schon wieder im Blätterhaufen verschwunden.

Hm, wer kann dem kleinen Vogel sonst noch helfen?

Vielleicht die Schnecke, die dort über den Stein kriecht? Schnell fliegt der kleine Vogel hin:

> „Willst du mit mir fliegen – hoch hinauf
> zum blauen Himmel und wieder zurück?",

fragt er die dicke Schnecke mit dem Schneckenhaus. Die dicke Schnecke schüttelt den Kopf mit den ausgestreckten Fühlern: „Ich kann meine beiden Fühler einziehen und wieder ausstrecken, aber fliegen kann ich nicht." Und schwupp – schon hat sich die Schnecke wieder in ihr Haus zurückgezogen.

Hm, wer kann dem kleinen Vogel sonst noch helfen? Vielleicht ein Vogel, der auch alleine ist? Aber wie sollen sie sich finden? Da setzt sich unser kleiner Vogel auf einen Ast und fängt zu singen an. Er pfeift und zwitschert und tiriliert. Hör nur, wie schön das klingt!

Schau – da kommt ja noch ein kleiner Vogel geflogen. Es ist ein wunderschönes Vogelweibchen. Es setzt sich neben den kleinen Vogel auf den Ast und singt mit ihm. Sie pfeifen und zwitschern und tirilieren. Hör nur, wie schön das klingt!

> „Willst du mit mir fliegen – hoch hinauf
> zum blauen Himmel und wieder zurück?",

fragt der kleine Vogel das Vogelweibchen. Es breitet seine Flügel aus und ruft: „Ja, komm mit!" Schau nur – nun fliegen sie miteinander – ganz hoch hinauf zum blauen Himmel und wieder zurück. Sie setzen sich nebeneinander auf den Ast. Der kleine Vogel schaut das Vogelweibchen an und ist froh. Das Vogelweibchen schaut den kleinen Vogel an und ist froh. Nun ist der kleine Vogel nicht mehr allein. Gemeinsam pfeifen und zwitschern und tirilieren sie. Hör nur, wie schön das klingt!

Das Vogelnest

2. Episode

Kennst du den kleinen Vogel noch? Weißt du noch, wie traurig er war? Aber dann hat er seine Vogelfrau gefunden. Mit ihr fliegt er ganz hoch hinauf zum blauen Himmel und wieder zurück. Und nun wollen sie ein Nest bauen – für sich und ihre Jungen. Wo denn? Dort – hoch oben in der Baumkrone. Sie hüpfen von Ast zu Ast und suchen sich einen Platz für ihr Vogelnest. Da – zwischen den starken Ästen ist ein guter Platz. Der kleine Vogel und seine Vogelfrau fliegen nun davon, um alles zu suchen, was sie dafür brauchen: kleine Zweige und Grashalme, Rindenstückchen, Moos und trockenes Laub.

Als sie beim Erdhaufen vorbeikommen, streckt der schwarze Maulwurf seinen Kopf heraus: „Wollt ihr mir vielleicht beim Graben helfen?", fragt er. „Nein, wir wollen ein Nest bauen", piepsen die Vögel. „Viel Glück!", wünscht der schwarze Maulwurf. Und schwupp – ist er schon wieder unter der Erde verschwunden.

Als sie beim Blätterhaufen vorbeikommen, streckt der stachelige Igel seinen Kopf heraus. „Wollt ihr mir beim Würmersuchen helfen?", fragt er. „Nein, wir wollen ein Nest bauen", piepsen die Vögel. „Viel Glück!", wünscht der stachelige Igel. Und schwupp – schon hat er sich einen Wurm geschnappt.

Als sie bei beim Schneckenhaus vorbeikommen, streckt die dicke Schnecke ihren Kopf heraus. „Wollt ihr mit mir einen Spaziergang machen?", fragt sie. „Nein, wir wollen ein Nest bauen", piepsen die Vögel. „Viel Glück!", wünscht die dicke Schnecke, streckt ihre Fühler aus und kriecht langsam davon.

Fleißig sammelt unser Vogelpaar, was es für sein Nest alles braucht: kleine Zweige und Grashalme, Rindenstückchen, Moos und trockenes Laub. Zwischen den starken Ästen in der Baumkrone bauen die beiden damit ihr Vogelnest. Immer wieder fliegen sie fort und kommen zurück – so lange, bis das Nest fertig ist. Ihre Schnäbel sind fast so geschickt wie unsere Hände. Schön rund und fest und sicher ist es geworden, das Vogelnest. Kein Wind kann es herunterschütteln – keine Katze kann so hoch klettern.

Und gut versteckt ist es in der Baumkrone – kein Raubvogel wird es finden.

Zufrieden setzen sich die beiden ins Nest. „Jetzt bin ich aber hungrig!", sagt der kleine Vogel. „Ich auch!", meint das Vogelweibchen. Gemeinsam machen sie sich auf die Suche nach Futter. Der kleine Vogel findet auf der Wiese einen fetten Regenwurm: Mhh, der schmeckt aber gut!

Das Vogelweibchen findet auf der Wiese einen dicken Käfer: Mmh, der schmeckt aber gut! „Nun bin ich satt!", sagt der kleine Vogel. „Ich auch!", meint das Vogelweibchen. „Jetzt möchte ich noch ein bisschen herumfliegen!", sagt der kleine Vogel. „Ich auch!", meint das Vogelweibchen.

Sie fliegen hoch hinauf zum blauen Himmel und wieder zurück – zurück in ihr neues Vogelnest. Dort kuscheln sie sich müde aneinander. Sie stecken die Köpfchen unter die Flügel und schon sind sie eingeschlafen. Gute Nacht, ihr beiden – schlaft gut und sicher in eurem neuen Vogelnest!

Fünf Vogeleier

3. Episode

Schau nur, da oben in der Baumkrone ist ja ein Vogelnest! Weißt du noch, wer es gebaut hat? Unser Vogelpaar, der kleine Vogel und sein Vogelweibchen haben miteinander ein schönes, rundes, sicheres Nest gebaut. Das war viel Arbeit. Darum haben sie ganz lange geschlafen. Aber nun sind sie wach geworden – zuerst der kleine Vogel und dann sein Vogelweibchen. Schau, jetzt sind alle beide wach.

„Heute will ich endlich meine Eier legen!", piepst das Vogelweibchen. Der kleine Vogel ist schon ganz aufgeregt. Er setzt sich auf den Rand des Vogelnestes und flattert mit den Flügeln. Wann ist es denn so weit? „Bald!", sagt das Vogelweibchen.

Und wirklich dauert es nicht mehr lange und dann geht es los. Wie viele Eier wird das Vogelweibchen legen? Horch! Der kleine Vogel zählt gerade mit: „Eins, zwei, drei, vier, fünf!" Fünf Eier hat das Vogelweibchen gelegt. Wie die wohl aussehen? Der kleine Vogel guckt sie sich genau an: Fünf kleine, weiße, gesprenkelte Vogeleier liegen im Nest. „Herzlichen Glückwunsch", sagt der kleine Vogel zu seinem Weibchen. „Danke!", erwidert sie. Jetzt ist sie eine Vogelmama und muss ihre Eier warm halten, damit später fünf kleine Vogelkinder ausschlüpfen können.

„Hast du Hunger?", fragt der Vogelpapa. „Ein dicker, fetter Wurm wäre nicht schlecht!", meint die Vogelmama. Sie darf aber nicht wegfliegen. Sie muss ja ihre fünf kleinen, weißen, gesprenkelten Vogeleier schön warm halten. „Ich bringe dir einen mit!", sagt der Vogelpapa und fliegt los.

Als er beim Erdhaufen vorbeikommt, streckt der schwarze Maulwurf seinen Kopf heraus. „Meine Frau hat schon Eier gelegt", verkündet der Vogelpapa stolz. „Wie viel?", erkundigt sich der schwarze Maulwurf. „Fünf!", erwidert der Vogelpapa. „Herzlichen Glückwunsch!" und schwupp – schon ist der schwarze Maulwurf wieder unter der Erde verschwunden.

Als der Vogelpapa beim Blätterhaufen vorbeikommt, streckt der stachelige Igel seinen Kopf heraus. „Meine Frau hat schon Eier gelegt", verkündet der Vogelpapa stolz. „Wie viel?", erkundigt sich der stachelige Igel. „Fünf!", erwidert der Vogelpapa. „Herzlichen Glückwunsch!" und schwupp – schon ist der stachelige Igel wieder im Blätterhaufen verschwunden.

Als der Vogelpapa beim Schneckenhaus vorbeikommt, streckt die dicke Schnecke ihren Kopf heraus. „Meine Frau hat schon Eier gelegt", verkündet der Vogelpapa stolz. „Wie viel?", erkundigt sich die dicke Schnecke. „Fünf!", erwidert der Vogelpapa. „Herzlichen Glückwunsch!" und schwupp – schon hat die Schnecke ihren Kopf wieder eingezogen.

Auf der großen grünen Wiese findet der Vogelpapa zwei dicke, fette Würmer. Einen davon frisst er gleich auf. Den zweiten packt er mit seinem Schnabel und bringt ihn zum Vogelnest zurück. Eierlegen macht ganz schön hungrig und so verspeist die Vogelmama den Wurm mit Genuss. „Dankeschön!", sagt sie. Brav wärmt die Vogelmama mit ihren weichen Federn die fünf kleinen, weißen, gesprenkelten Vogeleier. Aus ihnen werden bald die kleinen Vogelkinder ausschlüpfen. Und bis es so weit ist, sorgt der Vogelpapa gut für die Vogelmama. Wann ist es denn so weit? Bald!

Wann ist es so weit?

4. Episode

Weißt du noch, in welches Vogelnest die Vogelmama ihre Eier gelegt hat? Ja richtig, dort oben am Baum ist es – so hoch, dass keine Katze es erwischt, so gut versteckt, dass kein Raubvogel es sieht. Es ist ein festes, rundes, sicheres Nest. Und weißt du noch, wie viele Eier die Vogelmama in das Nest gelegt hat? Eins, zwei, drei, vier, fünf kleine, weiße, gesprenkelte Vogeleier! Viele, viele Tage hat die Vogelmama die Vogeleier schön warm gehalten.

Sie freut sich schon sehr auf ihre Vogelkinder. Und der Vogelpapa? Der freut sich auch schon sehr auf seine Vogelkinder. Wann werden sie denn endlich ausschlüpfen? Bald!

„Pst! Ich hör etwas!", zwitschert plötzlich die Vogelmama ganz aufgeregt. Und wirklich, da ist ein ganz feines Knacksen zu hören: Krk! Knacks! Krk! Knacks! Krk!

Ob das die Vogelkinder sind, die gerade aus den fünf kleinen, weißen, gesprenkelten Vogeleiern schlüpfen? Ja, wirklich! Jetzt ist es endlich so weit. Nun hört es auch der Vogelpapa: Knacks! Krk! Knacks! Krk! Knacks! Krk! Die Vogelbabys haben ihre Eierschalen aufgeknackt und drängen nun heraus: Geschafft!

Eins, zwei, drei, vier, fünf winzigkleine Vogelbabys sind aus den fünf kleinen, weißen, gesprenkelten Vogeleiern geschlüpft. Aber wie sehen sie denn aus? Sie sind ganz nackt und rosig und haben noch fast gar keine Federn. Nur auf dem Kopf und dem Rücken sind ein paar winzige Federchen zu sehen und ihre kleinen Äuglein sind noch fest geschlossen. Wenn sie ihre Schnäbelchen aufsperren, leuchtet der gelbe Rachen auf. „Schön, dass ihr da seid, meine kleinen Babys!", zwitschert die Vogelmama. „Wir haben schon so lange auf euch gewartet!", zwitschert der Vogel-papa. Und beide freuen sich sehr.

Und dann hat der Vogelpapa noch etwas Wichtiges zu erledigen: Zuerst fliegt er zum schwarzen Maulwurf. „Unsere fünf Jungen sind heute aus den Eiern geschlüpft!", verkündet er stolz. „Das ist eine gute Nachricht! Wann kann ich sie denn sehen?", fragt der Maulwurf. „Bald!", sagt der Vogelpapa und schwups – schon ist der schwarze Maulwurf wieder unter der Erde verschwunden.

Dann fliegt der Vogelpapa weiter zum stacheligen Igel. „Unsere fünf Jungen sind heute aus den Eiern geschlüpft!", verkündet er stolz. „Das ist eine gute Nachricht! Wann kann ich sie denn sehen?", fragt der Igel. „Bald!", sagt der Vogelpapa und schwups – schon ist der stachelige Igel wieder im Blätterhaufen verschwunden.

Dann fliegt der Vogelpapa weiter zur dicken Schnecke. „Unsere fünf Jungen sind heute aus den Eiern geschlüpft!", verkündet er stolz. „Das ist eine gute Nachricht! Wann kann ich sie denn sehen?", fragt die Schnecke. „Bald!", sagt der Vogelpapa und schwups – schon hat sich die dicke Schnecke wieder in ihr Schneckenhaus zurückgezogen.

Auf der großen grünen Wiese muss der Vogelpapa heute viele Würmer suchen: einen für jedes Kind – eins, zwei, drei, vier, fünf –, einen für die Vogelmama und einen für sich. Und die Vogelmama? Damit ihre nackten Vogelbabys nicht frieren, kuschelt sie sich ganz fest an sie und wärmt sie mit ihren weichen, warmen Federn. Erst als die Kleinen eingeschlafen sind, können sich die Vogeleltern auch ausru-hen. Glücklich und zufrieden schlafen auch sie ein – zuerst die Vogelmama und dann der Vogelpapa. Gute Nacht!

Fünf Vogelkinder

5. Episode

Weißt du noch wie viele Vogelbabys aus den kleinen, weißen, gesprenkelten Vogeleiern geschlüpft sind? Ja, richtig – eins, zwei, drei, vier, fünf. Weißt du noch, wie
sich die Vogelmama gefreut hat? Und wer hat sich denn noch gefreut? Der Vogelpapa natürlich! Nun sind sie Vogeleltern und haben viel zu tun. In den ersten Tagen
muss die Vogelmama im Nest bei ihren Kleinen bleiben. Und der Vogelpapa muss
während dieser Zeit ganz alleine das Futter für die Vogelkinder holen.

Immer wenn er im Nest landet, strecken die Kleinen unter der Mutter ihre Schnäbel
hervor und sperren sie so weit auf, dass man ihren gelben Rachen sehen kann. Ihr
Piepsen ist noch so leise und zart, dass es nur die Vogeleltern hören können: „Piep-
piep-piep-piep-piep!" Sie haben ständig Hunger und müssen immerfort gefüttert
werden. Kleine Würmchen, kleine Käfer, kleine Fliegen und kleine Mücken – mmh,
das schmeckt ihnen und sie können nie genug davon bekommen. Bald muss die
Vogelmama dem Vogelpapa schon beim Füttern helfen.

Jedes Mal, wenn die Vogeleltern auf der Wiese Würmer für ihre Jungen suchen,
streckt der schwarze Maulwurf seinen Kopf aus dem Erdhaufen und ruft: „Wie geht
es denn euren Kleinen?" – „Danke, gut! Sie haben immerzu Hunger und wachsen
und wachsen!", antworten die Vogeleltern.

Jedes Mal, wenn die Vogeleltern auf der Wiese Käfer für ihre Jungen suchen, stellt der Igel seine Stacheln auf und ruft: „Wie geht es denn euren Kleinen?" – „Danke, gut! Sie haben immerzu Hunger und wachsen und wachsen!", antworten die Vogeleltern.

Jedes Mal, wenn die Vogeleltern auf der Wiese nach Fliegen und Mücken schnappen, streckt die Schnecke ihre Fühler aus und ruft: „Wie geht es denn euren Kleinen?" – „Danke, gut! Sie haben immerzu Hunger und wachsen und wachsen!", antworten die Vogeleltern.

Der Maulwurf, der Igel und die Schnecke sind schon sehr neugierig. Sie möchten die Vogelkinder so gerne kennen lernen. Kann der schwarze Maulwurf vielleicht zum Vogelnest hochklettern? Nein, leider nicht! Kann der stachelige Igel vielleicht zum Vogelnest hochklettern? Nein, leider nicht! Kann die dicke Schnecke vielleicht zum Vogelnest hochkriechen? Nein, leider nicht! Ja, dann müssen sie warten, bis die Vogelkinder fliegen können.

Die Vogeleltern aber freuen sich, dass ihre Kleinen so schnell wachsen. Bald werden die Vogelkinder dann auch das Fliegen lernen, das wird schön. Dann können alle gemeinsam fliegen: der Vogelpapa und die Vogelmama und die eins, zwei, drei, vier, fünf Vogelkinder. Wohin? Hoch hinauf zum blauen Himmel und wieder zurück. Wohin noch? Vielleicht auf die Wiese zum schwarzen Maulwurf, der den ganzen Tag so fleißig in der Erde gräbt? Wohin noch? Vielleicht zum Igel, der seine Stacheln so schön aufstellen kann? Wohin noch? Vielleicht zu der Schnecke, die ihre Fühler so lustig ausstrecken kann? Wie lange dauert das noch? Nicht mehr lange!

Wer kann fliegen?

6. Episode

Weißt du noch, wie gut die Vogeleltern für ihre Jungen gesorgt haben? Sie haben sie immerfort gefüttert: mit Würmern und Käfern, mit Fliegen und Mücken. Und weil sie soviel gefressen haben, sind die Vogelkinder immer größer und größer geworden – groß genug zum Fliegen. Endlich ist es so weit und die Vogelkinder sind schon so aufgeregt. Sie schlagen mit ihren kleinen Flügeln, plustern sich auf und piepsen: „Heute lernen wir fliegen!"

Der Vogelpapa ruft: „Passt gut auf!" und fliegt einmal rund um die fünf Vogelkinder herum. Dann lässt er sich auf einem Ast nieder. Er bewegt langsam seine Flügel auf und ab: „So müsst ihr es machen – immer wieder auf und nieder!" Eifrig versuchen es ihm die Kleinen nachzumachen. Sie bewegen ihre Flügel auf und nieder, immer wieder. Dabei schaukeln sie am Ast hin und her und müssen sich mit ihren scharfen Krallen ganz fest an ihn klammern, damit sie nicht hinunterpurzeln. Aber je öfter sie es versuchen, desto besser gelingt es ihnen.

„Sehr brav!", lobt die Vogelmama. „Und jetzt flattert gleich einmal zu mir her!" Aufgeregt piepsen die Kleinen. Bis zur Mama flattern – auf einen anderen Ast? Das ist ja ganz schön schwierig! Wer glaubt ihr, traut sich zuerst? Das erste Vogelkind? Nein! Das zweite? Nein! Das dritte? Nein! Das vierte? Nein! Das fünfte? Ja! Das ist ganz mutig. Es bewegt seine Flügel schnell auf und ab – so wie es der Vogelpapa vorgezeigt hat – immer wieder auf und nieder und schon ist es auf den nächsten Ast geflattert und kuschelt sich zu seiner Mama. „Tüchtig!", freut sich die Vogelmama und blickt erwartungsvoll auf die anderen. Da fasst sich das vierte ein Herz, flattert los und – landet bei der Mama. „Tüchtig!" Dann wagte es das dritte, flattert los und – landet bei der Mama. „Tüchtig!" Nun trauen sich auch das zweite und das erste und im Nu sitzen alle Fünfe gemeinsam mit der Mama auf dem nächsten Ast. Eigentlich ist das ja gar nicht so schwierig gewesen!

Mutig geworden und voller Abenteuerlust flattern die fünf Vogelkinder nun auch zu den anderen Ästen in der Baumkrone und zwitschern dabei vor Vergnügen. Sie spüren, dass die Luft sie trägt, wenn sie ihre Flügel ganz gleichmäßig heben und senken. Ihre Bewegungen werden immer sicherer und geschickter. Und bald wagen sie sich auch auf weiter entfernte Äste. Zufrieden und voller Stolz beobachten die Vogeleltern ihre Jungen.

Müde und hungrig flattern die Fünf dann wieder ins Nest zurück. Heute bekommen sie ein ganz besonders leckeres Futter. Das haben sie sich wirklich verdient. „Und morgen besuchen wir unsere Freunde auf der Wiese", sagt der Vogelpapa am Abend. Ein Ausflug auf die Wiese? Das hört sich aufregend an! Neugierig sperren sie ihre Schnäbel auf. „Zuerst fliegen wir zum schwarzen Maulwurf. Ihr werdet staunen, wie schnell der graben kann!", kündigt die Vogelmutter an. „Und dann fliegen wir zum Igel. Ihr werdet staunen, wie geschickt der seine Stacheln aufstellen kann!", meint der Vogelvater. „Und zuletzt fliegen wir zur Schnecke. Ihr werdet staunen, was die auf ihrem Rücken trägt!", zwitschern beide. Müde gähnen die fünf Vogelkinder: Heute haben sie das Fliegen gelernt und morgen wartet ein neues Abenteuer auf sie. Gute Nacht, ihr Kleinen. Vielleicht träumt ihr heute Nacht vom Fliegen!

Der erste Ausflug

7. Episode

Siehst du die fünf Vogelkinder dort im Nest? Ganz tief und fest haben sie geschlafen. Und sie haben vom Fliegen geträumt und von ihrem ersten Ausflug. Und nun ist es so weit. Die Sonne lacht vom blauen Himmel und kitzelt die Vogelfamilie wach: zuerst den Vogelpapa, dann die Vogelmama und dann die fünf Vogelkinder – das erste, das zweite, das dritte, das vierte und dann auch noch das fünfte. „Guten Morgen! Guten Morgen! Guten Morgen! Guten Morgen! Guten Morgen!" – das ist eine Begrüßung! Die Vogeleltern holen gleich Futter für die Jungen herbei und dann machen sie sich auf zu ihrem ersten Ausflug.

Der Vogelpapa zeigt seinen Jungen zuerst noch, wie sie mit ihren Flügeln sanft vom Baum auf den Boden gleiten können. Ängstlich sehen ihm die Kleinen zu. Ob sie das wohl auch können? „Wer traut sich?" Das erste Vogelkind? Nein! Das zweite? Nein! Das dritte? Nein! Das vierte? Nein! Das fünfte? Ja, das traut sich. Es breitet seine Flügel aus und – schwebt hinunter. Plumps – nur die Landung war etwas unsanft. Beim nächsten Mal geht es sicher schon besser! Da fassen sich die anderen vier auch ein Herz – breiten ihre Flügel aus und landen mit einem Plumps. Beim nächsten Mal geht es sicher schon besser! Eigentlich ist das ja gar nicht so schwierig gewesen! „Gut gemacht!", lobt der Vogelpapa. „Tüchtig!", freut sich die Vogelmama.

Neugierig sehen sich die fünf Vogelkinder auf der Wiese um. Wie groß die Welt ist! Die Wiese ist ganz grün und voller bunter Blumen. Schön! Da gibt es auch Sträucher und Bäume, weiches Moos und harte Steine. Schön! Aber was ist denn das Seltsames?

„Das ist ein Erdhaufen! Dort versteckt sich unser Freund, der Maulwurf." Schwups – da steckt er schon seinen schwarzen Kopf aus der Erde! „Hallo! Hübsche Kinder habt ihr!", begrüßt er die Vogeleltern. Dann fragt er die Fünfe: „Soll ich euch zeigen, wie man ein Erdloch gräbt?" – „Nein, danke! Wir müssen heute noch das Fliegen üben!", piepsen die fünf Jungen. Sie winken mit den Flügeln und flattern davon. Was ist denn das Seltsames?

„Das ist ein Blätterhaufen! Dort versteckt sich unser Freund, der Igel!" Schwups – taucht der stachelige Igel zwischen den Blättern auf. „Hallo! Hübsche Kinder habt ihr!", begrüßt er die Vogeleltern. Dann fragt er die Fünfe: „Soll ich euch zeigen, wie man Blätter sammelt?" – „Nein, danke! Wir müssen heute noch das Fliegen üben!", piepsen die fünf Jungen. Sie winken mit den Flügeln und flattern davon. Was ist denn das Seltsames?

„Das ist ein Schneckenhaus! Dort versteckt sich unsere Freundin, die Schnecke!" Langsam kommt die Schnecke aus ihrem Schneckenhaus hervor. „Hallo! Hübsche Kinder habt ihr!", begrüßt sie die Vogeleltern. Dann fragt sie die Fünfe: „Soll ich euch zeigen, wie weit ich meine Fühler ausstrecken kann?" – „Nein, danke! Wir müssen heute noch das Fliegen üben!", piepsen die fünf Jungen.

„Jetzt zeige ich euch, wie man von der Wiese ganz hoch in den Himmel aufsteigt!", sagt die Vogelmama. Sie breitet ihre Flügel weit aus, bewegt sie auf und nieder, immer wieder und erhebt sich in die Luft. „Kommt mit mir!", lockt sie ihre Kleinen. Wer traut sich?

Das erste Vogelkind? Nein! Das zweite? Nein! Das dritte? Nein! Das vierte? Nein! Das fünfte? Ja, das traut sich. Es bewegt seine Flügel, immer wieder auf und nieder und fliegt immer höher und höher. „Das ist schön! Kommt mit!", zwitschert es und fliegt einen Kreis um seine Geschwister.

Jetzt möchten sie es auch versuchen und es gelingt allen vieren. Sie bewegen ihre Flügel, immer wieder auf und nieder und sie fliegen immer höher und höher. Und nun fliegt auch der Vogelpapa hinterdrein, immer höher und höher. Herrlich ist es, durch die Luft zu gleiten, die sie fest und sicher trägt.

Von so hoch oben schaut die Welt ganz anders aus – winzigklein. Es ist schön, ein Vogel zu sein. Erst als sie müde werden, gleiten sie wieder abwärts und landen sanft auf der Wiese. Jetzt können sie fliegen. Jetzt sind sie nicht mehr klein. Jetzt können sie sich auch selbst ihr Futter suchen und bald werden sie Mama und Papa nicht mehr brauchen. Bald können sie alleine leben und ihr eigenes Vogelnest bauen.

Viel Glück, liebe Vogelkinder!

Geschichten für besondere Anlässe

Geschichten, die die Vorbereitung und Gestaltung
festlicher Ereignisse unterstützen

Für herbstliche Feste

Das hungrige Mäuslein

*Eine Schmeck-Geschichte, um Kinder zum Kosten von Obst oder Gemüse
anzuregen*

Schau, dort drüben steht ein Haus –
da kommt ein kleines Mäuslein raus.
Sagt: „Mein Bäuchlein, das ist heut noch leer.
Wo nehm ich was zu essen her?
Ob ich mich in den Keller trau?
Ich lauf einmal hinein und schau!"
Und schon ist es weg geschwind,
unser kleines Mäusekind.

    Doch bald ist es wieder da
    und es ruft: „Hurra! Hurra!
    Das fand ich im finstern Keller!"
    Schau, was legt es auf den Teller?
    Eine Zwetschge*, blau und fein.
    „Die ess' ich jetzt ganz allein!"
    Und zu knabbern dann beginnt
    unser liebes Mäusekind.
    Mmh, die Zwetschge schmeckt ihm sehr
    und die Maus frisst immer mehr.
    „Ja, die Zwetschgen sind gesund!",
    sagt sie jetzt mit vollem Mund.

Oh, mein Bauch, der knurrt schon sehr –
so, als ob er hungrig wär.
Die kleine Maus hört es zum Glück,
fragt: „Magst du auch ein Zwetschgenstück?"
Ich sag: „Ja!" und „Bitte sehr!"
Schau, schon bringt sie mir eins her.
Ich steck es in den Mund hinein –
mmh, die Zwetschge schmeckt mir wirklich fein!

---

* Kann auch mit Gemüse gespielt werden.

Sagt der (die) . . . .* „Bitte sehr!",
bringt sie ihm (ihr) auch ein Stückchen her.
„Danke, danke, liebe Maus!"
Komm, wir klatschen jetzt Applaus!

    Ob die Maus noch Hunger hat?
    Oder ist sie jetzt schon satt?
    „Nein, genug hab ich noch nicht!",
    unser kleines Mäuslein spricht
    und läuft noch mal in den Keller.
    Was legt es auf den Mäuseteller?
    Einen Apfel, rot und fein.
    „Den ess' ich jetzt ganz allein!"
    Und zu knabbern dann beginnt
    unser liebes Mäusekind.
    Mmh, der Apfel schmeckt ihm sehr
    und die Maus frisst immer mehr.
    „Ja, die Äpfel sind gesund!",
    sagt sie jetzt mit vollem Mund.

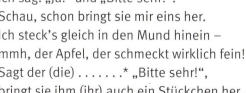

Oh, wieder knurrt mein Bäuchlein sehr –
als ob es noch hungrig wär.
Die kleine Maus hört es zum Glück,
fragt: „Magst du auch ein Apfelstück?"
Ich sag: „Ja!" und „Bitte sehr!".
Schau, schon bringt sie mir eins her.
Ich steck's gleich in den Mund hinein –
mmh, der Apfel, der schmeckt wirklich fein!
Sagt der (die) . . . .* „Bitte sehr!",
bringt sie ihm (ihr) auch ein Stückchen her.

---

* Hier den Namen des Kindes einsetzen.

„Danke, danke, liebe Maus!"
Komm, wir klatschen jetzt Applaus!

Ob die Maus noch Hunger hat?
Oder ist sie jetzt schon satt?
„Nein, genug hab ich noch nicht!"
unser kleines Mäuslein spricht
und läuft noch mal in den Keller.
Was legt's auf den Mäuseteller?
Usw. ...
(Die Geschichte lässt sich beliebig fortsetzen.)

Schluss:
Ob die Maus noch Hunger hat?
Oder ist sie jetzt schon satt?
Ja – endlich ist ihr Bäuchlein voll
und sie macht, was man dann soll:
Aufhörn – Mund und Pfötchen waschen,
Zähneputzen, nicht mehr naschen!
„Fertig bin ich!", sagt die Maus.
Sie läuft wieder in das Haus –
und jetzt ist die Geschichte – aus!

Das Apfelfest

Wo ist Max? In seinem Zimmer. „Heute will ich ein Fest feiern!", sagt er. „Wollt ihr dabei sein?", fragt er seine beiden Freunde. „Ja, bitte!", ruft der Kasperl. „Ja, bitte!", brummt der Teddy. Aber welches Fest will Max heute feiern?

Zuerst muss er einmal nachdenken. Dabei schaut er zum Fenster hinaus. Vor seinem Fenster steht ein Apfelbaum mit vielen reifen Äpfeln. Jetzt hat Max eine Idee: „Wir feiern ein Apfelfest!" – „Hurra!", ruft der Kasperl. „Hurra!", brummt der Teddy. Zuerst zieht sich Max an. Dann holt er einen großen Korb. Und huschdiwusch – schon läuft er mit dem großen Korb in den Garten zum Apfelbaum. Schau nur – jetzt pflückt er viele reife Äpfel vom Apfelbaum. Er legt sie in den großen Korb und trägt sie ins Haus. „Gut gemacht!", lobt der Kasperl. Nun wäscht Max die Äpfel und poliert sie mit dem Geschirrtuch, bis sie glänzen. Dann legt er die süßen, saftigen, reifen, knackigen Äpfel auf einen Teller. „Gut gemacht!", lobt der Teddy. Und nun wird der Tisch festlich gedeckt. Alle setzen sich an den Tisch: zuerst der Max, dann der Kasperl, dann der Teddy.

Max will noch jemanden einladen. Er ruft: „Mama, heute ist Apfelfest. Alles ist vorbereitet!" – „Ich komme!", erwidert die Mama und freut sich über die Einladung. Sie setzt sich zu Max, Kasperl und Teddy an den festlich gedeckten Tisch.

Zuerst singt Max das Apfellied, das er im Kindergarten gelernt hat: „In einem kleinen Apfel ...". Dann bekommt jeder einen süßen, saftigen, reifen, knackigen Apfel.

„Mahlzeit!", sagt Max. „Mahlzeit!", sagt die Mama. „Mahlzeit!", sagt der Kasperl. „Mahlzeit!", brummt der Teddy. Und dann lassen sich alle ihren süßen, saftigen, reifen, knackigen Apfel schmecken. Mmh, lecker! Bald sind alle Äpfel aufgegessen. Nun erzählt die Mama die Geschichte vom Apfelmann, der ganz schnell rollen kann. Und Max erzählt die Geschichte vom Wutziklein, der seinen Apfel mit seinen Freunden geteilt hat. Der Kasperl und der Teddy hören gespannt zu. Zum Schluss hat sich Max noch ein Spiel ausgedacht. Wer spielt mit? „Ich!", ruft der Kasperl. „Ich!", brummt der Teddy. „Ich auch!", sagt die Mama. Max sucht seine bunten Spielbecher und fragt: „Mama, hat du noch getrocknete Apfelringe?"

Schnell holt die Mama die getrockneten Apfelringe. Max versteckt einen Apfelring unter einem Spielbecher. Wer kann ihn finden? „Ich!", ruft der Kasperl und hat ihn schon. Max versteckt noch einen Apfelring unter dem Spielbecher. Wer kann ihn finden? „Ich!", brummt der Teddy und hat ihn schon. Jetzt versteckt die Mama einen Apfelring unter dem Spielbecher. Wer kann ihn finden? „Ich!", ruft der Max und hat ihn schon. Ein Apfelring ist noch für die Mama übrig geblieben. Mmh, auch die Apfelringe schmecken lecker! „Das war ein schönes Apfelfest!", meint der Max. „Ja, wirklich!", bestätigt die Mama. „Ja, wirklich!", sagt der Kasperl. „Ja, wirklich!", brummt der Teddy.

Für Lichter- und Laternenfeste

Das verlorene Licht

Dunkel ist es im Winterwald. Am Himmel leuchten die ersten Sterne. Da – hörst du auch etwas? Schritte! Wer kann das sein? Schau nur, es ist ein kleines Mädchen. In der Hand trägt es eine Laterne, die ganz hell leuchtet. Ihr Licht strahlt in der dunklen Nacht und zeigt dem Mädchen den Weg. Ganz alleine geht es mit seiner Laterne durch den finsteren Wald.

Aber dann –
dann kommt der Wind mit Saus und Braus
und löscht das Licht in der Laterne aus.
Schschschsch…

„Bitte, lieber Wind –
gib mir mein Licht zurück geschwind!",
ruft das kleine Mädchen. Aber der Wind ist schon wieder auf und davon und hört das kleine Mädchen nicht mehr. Da wird es sehr, sehr traurig. Ohne das Licht der Laterne kann es nicht mehr aus dem Wald herausfinden.

„Ach, wer zündet meine Laterne an,
damit sie wieder leuchten kann?"
Aber es ist niemand da. Oder doch? Pst – wer ist denn das? Schau, da fliegt eine Eule herbei.

„Ach bitte, liebe Eule – zünde meine Laterne an,
damit sie wieder leuchten kann!",
bittet das Mädchen.

„Das kann ich nicht, das kann ich nicht!
Ich hab ja selber auch kein Licht!",
antwortet die Eule und schon fliegt sie wieder fort. Traurig blickt sich das kleine Mädchen um. Ohne das Licht der Laterne kann es nicht mehr aus dem Wald herausfinden.

„Ach, wer zündet meine Laterne an,
damit sie wieder leuchten kann?"
Aber es ist niemand da. Oder doch? Pst – wer ist denn das? Schau, da schleicht ein Fuchs herbei.

„Ach bitte, lieber Fuchs – zünde meine Laterne an,
damit sie wieder leuchten kann!",
bittet das Mädchen.

„Das kann ich nicht, das kann ich nicht!
Ich hab ja selber auch kein Licht!",
antwortet der Fuchs und schon schleicht er wieder fort. Traurig blickt sich das kleine Mädchen um. Ohne das Licht der Laterne kann es nicht mehr aus dem Wald herausfinden.

„Ach, wer zündet meine Laterne an,
damit sie wieder leuchten kann?"
Aber es ist niemand da. Oder doch? Pst – wer ist denn das? Schau, da kommt ein Bub daher und bläst auf seiner Flöte.

„Ach bitte, lieber Bub – zünde meine Laterne an,
damit sie wieder leuchten kann!",
bittet das Mädchen.

„Das kann ich nicht, das kann ich nicht!
Ich hab ja selber auch kein Licht!",
antwortet der Bub.

„Doch schenk ich dir ein kleines Lied
bevor's mich wieder weiterzieht!".

Er spielt eine wunderschöne Melodie. Aber dann wandert er wieder weiter. Traurig blickt sich das kleine Mädchen um. Ohne das Licht der Laterne kann es nicht mehr aus dem Wald herausfinden.

„Ach, wer zündet meine Laterne an,
damit sie wieder leuchten kann?"

Aber es ist niemand da. Oder doch? Pst – was ist denn das? Schau, da flattert ein kleines Glühwürmchen herbei. Es leuchtet und glüht im Dunkeln und fliegt um das Mädchen herum.

„Ach bitte, liebes Glühwürmchen – zünde meine Laterne an,
damit sie wieder leuchten kann!",
bittet das Mädchen.

„Für mich ist das doch gar nicht schwer –
pass gut auf und schau jetzt her!",
erwidert das Glühwürmchen.

Und wirklich – schau nur, dem kleinen Glühwürmchen ist es gelungen, das Licht in der Laterne wieder anzuzünden. Das Mädchen freut sich sehr und ruft: „Danke, Glühwürmchen, das hast du gut gemacht!" Voll Freude und Stolz tanzt das Glühwürmchen noch eine Weile um das Mädchen und seine Laterne herum. Dann fliegt es wieder fort. Das kleine Mädchen aber ist sehr, sehr glücklich. Seine Laterne leuchtet nun endlich wieder. Ihr Licht erhellt die dunkle Nacht und zeigt dem Mädchen den Weg nach Hause.

Der gute Hirte

Das ist der gute Hirte. Er hat drei Schafe – Mohrchen, Langohrchen und Wutziklein. Er hat sie sehr lieb und passt immer gut auf sie auf. Am Tag, wenn es hell und warm ist, führt er sie auf die große, grüne Wiese. Am Abend, ehe es dunkel wird, führt er sie in den warmen Stall. Auf der grünen Wiese ist es schön. Die drei Schafe fressen frisches, saftiges Gras, tollen herum und haben Spaß. Sie spielen Fangen und Necken, Ringelreihen und Verstecken.

„Kommt, ihr Schäfchen all, kommt mit mir zum Stall!", ruft der Hirte. „Bäh, ich spiele noch ein bisschen Fangen und Necken!", antwortet Mohrchen. „Bäh, ich spiele noch ein bisschen Ringelreihen und Verstecken!", erwidert Langohrchen. „Bäh, wir werden ganz brav sein!", verspricht der kleine Wutziklein. Da erlaubt ihnen der Hirte, noch ein Weilchen zu bleiben. „Aber kommt rechtzeitig heim, ehe es dunkel wird!", sagt er und macht sich auf den Weg zum Stall.

Mohrchen, Langohrchen und Wutziklein spielen Fangen und Necken, Ringelreihen und Verstecken und haben so viel Spaß, dass ihnen gar nicht auffällt, dass es schon Abend wird. Plötzlich merkt Mohrchen, dass die Sonne untergegangen ist. „Kommt, wir müssen zurück in den Stall, der Hirte wird schon auf uns warten!", ruft es. Aber inzwischen ist es so dunkel geworden, dass sie fast nichts mehr sehen können. „Ich find den Weg nach Haus nicht mehr!", klagt Langohrchen. „Ach, käm' der Hirt doch wieder her!", jammert Wutziklein.

Es ist ganz schrecklich finster. Mohrchen sieht nicht einmal mehr Langohrchen und Langohrchen sieht kein Wutziklein. Sie sind jetzt ganz allein. Da bekommen sie so große Angst, dass sie sich dort niederlegen, wo sie gerade stehen. „Ich fürcht' mich sehr – ich lege mich zum Stein da her!", ruft Mohrchen. „Ich fürcht' mich sehr – ich lege mich zum Baum da her!", klagt Langohrchen. „Ich fürcht' mich sehr – ich lege mich ins Moos da her!", jammert Wutziklein.

Der Hirte wartet schon lange auf seine drei Schafe. Er ruft sie beim Namen: „Mohrchen, Langohrchen und Wutziklein, wo seid ihr?" Aber niemand kommt. Da holt der Hirte seine Laterne aus dem Stall und zündet sie an. Dann macht er sich auf den Weg, um seine Schafe zu suchen. Hell leuchtet die Laterne durch die dunkle Nacht. Er sucht und sucht und sorgt sich sehr. Wo können die drei denn nur sein? Hoffentlich ist ihnen nichts zugestoßen! Im hellen Schein seiner Laterne entdeckt er den Stein und findet sein Mohrchen:

„Mohrchen, mein Mohrchen, du bist wieder da,

dir ist nichts geschehen – da freu ich mich ja!",

ruft er und streichelt das kleine Schaf. „Bäh, ich freu mich auch!", erwidert Mohrchen und leckt vor Freude seine Hand. Im hellen Schein seiner Laterne entdeckt er den Baum und findet sein Langohrchen:

„Langohrchen, Langohrchen, du bist wieder da,

dir ist nichts geschehen – da freu ich mich ja!",

ruft er und streichelt das kleine Schaf. „Bäh, ich freu mich auch!", erwidert Langohrchen und leckt vor Freude seine andere Hand. Im hellen Schein seiner Laterne entdeckt er das Moos und findet sein Wutziklein.

„Wutziklein, du bist wieder da,

dir ist nichts geschehen – da freu ich mich ja!",

ruft er und streichelt das kleinste Schaf. „Bäh, ich freu mich auch!" erwidert Wutziklein und leckt vor Freude sein Gesicht.

Sieh nur, wie froh die kleinen Schafe sind, dass der Hirte sie gefunden hat. Sie springen erleichtert immer wieder um ihn herum. Sie freuen sich über die Laterne, die hell und warm im Dunkeln leuchtet. Sie leuchtet für den Hirten, für Mohrchen, Langohrchen und für Wutziklein. Und sie zeigt ihnen den Weg nach Hause. Endlich sind sie wieder daheim im Stall. Wie hell und warm er ist. Jetzt haben die drei Schafe keine Angst mehr. Sie schmiegen sich eng aneinander und schon fallen ihnen die Augen zu. Jetzt ist alles wieder gut. Der Hirte passt auf seine Schafe auf. Er holt seine Flöte hervor und spielt eine sanfte Melodie. Und die Laterne leuchtet hell und warm in der dunklen Nacht.

Für den Advent

Der Nikolaus im Zwergenhaus

Mein liebes Kind, schau einmal her,
da steht ein Haus. Wohnt da wohl wer?
Und dieses Haus, das ist so klein,
da passt gar niemand Großer rein.
Horch, jetzt klopf ich einmal an,
ob mich wohl jemand hören kann?
Tipp und tapp – Schritte im Haus,
schon schaut jemand zu uns raus:
Papa-Zwerg und die Mama,
sehen wir als erste da.
Und daneben, oh wie fein,
stehn drei Zwergenkinderlein.

Papa-Zwerg und Mama-Zwerg,
Brüderlein und Schwesterlein
und die kleine Zwergenmaus
warten auf den Nikolaus.
Und sie rufen alle aus:
„Wann kommt er zu uns ins Haus?"
Papa-Zwerg zündet sodann,
auf dem Kranz ein Kerzlein an.
Horch – jetzt klopft es an der Tür!
„Komm doch herein!", ruft jeder hier.
Wer kommt hereingezogen
mit dem Stab gebogen?
„Guten Tag, Herr Nikolaus!",
rufen alle Fünfe aus.

Hat eine rote Mütze auf,
mit einem goldnen Kreuz darauf.
Trägt einen großen Sack, gar schwer,
zu den Zwergenkindern her.
Brüderlein und Schwesterlein
sagen artig ein Gedicht –
Zwergenmäuschen kann's noch nicht.
Lachen muss der Nikolaus –
„Gut gemacht!", ruft er dann aus.
Weil sie so brav gewesen sind,
beschenkt er jedes Zwergenkind:
Mandarinen, Äpfel, Nüss',
Feigen und Lebkuchen süß.
Brüderlein und Schwesterlein
und die kleine Zwergenmaus
bedanken sich beim Nikolaus.

Und zum Schluss stimmen sie dann
für ihn noch ein Liedchen an.
Und die Zwergenmama spricht:
„Nikolaus, vergiss uns nicht!
Komm bitte wieder im nächsten Advent,
wenn wieder die erste Kerze dann brennt!"
Grüßend nickt der Nikolaus.
Still und leis geht er hinaus –
aus dem kleinen Zwergenhaus.
Auf ihn warten woll'n nun wir,
denn heute kommt er auch zu dir.

Der Nikolaus im Winterwald

Brrr – kalt ist es heute. Jetzt schneit es auch noch. Draußen im Winterwald wirbeln die Schneeflocken um die Bäume und bedecken den Boden. Und bald ist alles ganz weiß – weiß und still. Pst – ich hör was! Wer stapft da durch den weichen Schnee? Schau, das ist der Bischof Nikolaus. Siehst du die Bischofsmütze mit dem goldenen Kreuz? Siehst du den schönen roten Bischofsmantel? Mit einer Hand trägt er seinen Bischofsstab und mit der anderen? Ah, da zieht er seinen Schlitten – voll beladen mit dem schweren Sack.

„Den ganzen Tag muss ich schon eilen,
in jedem Haus etwas verweilen,
den Kindern meine Gaben bringen,
mit ihnen beten und auch singen.
Zieh meinen großen Schlitten hier,
von Ort zu Ort, von Tür zu Tür,
von Stadt zu Stadt, von Haus zu Haus.
Müd bin ich nun, ich rast' mich aus!"

Und schon hat er sich hingesetzt und lehnt sich an einen Baumstamm. Oh, schau nur – jetzt ist er auch schon eingeschlafen. Horch nur – er schnarcht sogar.

Pst – ich hör was! Wer trippelt da durch den weichen, weißen Schnee? Schau nur, es ist eine kleine Maus!

„Oh – das ist ja der Nikolaus!
Ach, wie sieht er müde aus!
Ich bleibe besser bei ihm da,
damit ihn niemand weckt. O ja!"

Pst – ich hör was! Wer hoppelt da durch den weichen, weißen Schnee? Schau nur, es ist ein kleiner Hase!

„Wer schläft denn mitten da im Wald,
bei diesem Wetter, nass und kalt?"

Da sagt zu ihm die kleine Maus:

„Kennst du ihn nicht, den Nikolaus?
Die *Bischofsmütze* sieh nur an,
die trägt doch nur der heil'ge Mann!"

Pst – ich hör was! Wer schleicht da durch den weichen, weißen Schnee? Schau nur, es ist ein Fuchs!

„Wer schläft denn mitten da im Wald,
bei diesem Wetter, nass und kalt?"

Da sagt zu ihm die kleine Maus:

>„Kennst du ihn nicht, den Nikolaus?
>
>Den *Bischofsmantel* sieh nur an,
>
>den trägt doch nur der heil'ge Mann!"

Pst – ich hör was! Wer tappt da durch den weichen, weißen Schnee? Schau nur, es ist ein Bär!

>„Wer schläft denn mitten da im Wald,
>
>bei diesem Wetter, nass und kalt?"

Da sagt zu ihm die kleine Maus:

>„Kennst du ihn nicht, den Nikolaus?
>
>Den *Bischofsstab,* den sieh nur an,
>
>den trägt doch nur der heil'ge Mann!"

Der Hase, der Fuchs und der Bär staunen. Sie haben noch nie den Nikolaus gesehen. Und heute ist er da – bei ihnen im Winterwald. Sie freuen sich sehr. Und die kleine Maus? Die freut sich auch. Jetzt wird es aber langsam schon dunkel. Heute warten noch viele Kinder auf den Nikolaus – und er schläft noch immer! Schschsch – da kommt der Wind, der weckt den Nikolaus geschwind.

>„Uaaah – das Schläfchen hat mir gut getan!
>
>Auf geht's wieder, frisch voran!
>
>Na, na? Wer steht vor meinem Schlitten da?
>
>Ihr lieben Tiere alle hier,
>
>wollt ihr vielleicht auch was von mir?"

Der Hase, der Fuchs, der Bär und die kleine Maus nicken eifrig. Da kramt der Nikolaus in seinem großen Sack und holt für jeden etwas heraus. Er schenkt dem Hasen eine Karotte. Er schenkt dem Fuchs eine Wurst. Er schenkt dem Bären ein Glas Honig. Und der Maus schenkt er ein Stückchen Käse.

>„Jetzt muss ich aber weitergehen,
>
>ihr lieben Tiere, auf Wiedersehen!"

Der Nikolaus nimmt den Bischofsstab mit der einen Hand und mit der anderen Hand zieht er wieder den Schlitten, voll beladen mit dem schweren Sack. Jetzt muss er sich beeilen – viele Kinder warten heute noch auf ihn.

Bis bald, Herr Nikolaus!

Für den Fasching

Kasperl und das Krokodil

Was steht denn auf der Wiese da? Es ist ein kleines Haus. Wer wohnt denn in dem kleinen Haus und wer schaut da zum Fenster raus? Das ist ja der Kasperl! „Tiri-tiri-tirallalla, tiri-tiri-tira!"

Schaut, jetzt kommt er aus dem Haus heraus: „Guten Morgen, ohne Sorgen! Jetzt bin ich da, hurra! Wer ist noch da? Kinder, seid ihr auch da? Ja? Hurra!" Wer wohnt noch in dem kleinen Haus und wer schaut da zum Fenster raus? Das ist ja die Gretel! Schaut, jetzt kommt sie aus dem Haus heraus: „Guten Morgen!" Wer wohnt noch in dem kleinen Haus und wer schaut da zum Fenster raus? Das ist ja die Großmutter! Schaut, jetzt kommt sie aus dem Haus heraus: „Guten Morgen! Ich habe gerade einen Kuchen gebacken. Wer möchte ihn kosten?" – „Ich!", ruft der Kasperl. „Ich auch!", ruft die Gretel. „Er ist noch sehr heiß", sagt die Großmutter. „Ich stelle ihn vor die Türe, damit er etwas auskühlen kann! Inzwischen koche ich den Kakao. Kasperl, magst du den Tisch decken?" – „Gerne, Großmutter!", antwortet der Kasperl und läuft ins Haus. „Tiri-tiri-tirallalla, tiri-tiri-tira!"

„Gretel, holst du bitte die Milch?" – „Gerne, Großmutter!", antwortet die Gretel und geht mit ihr ins Haus. Der Kuchen steht vor der Türe und kühlt aus.

Horch einmal – da kommt jemand! Ist das der Kasperl? Nein! Ist das die Gretel? Nein! Ist das die Großmutter? Nein! Schau einmal – das ist ja das Krokodil. Was will es da? Es sucht etwas zum Fressen. Warum? Weil es hungrig ist. Was macht es jetzt? Es schnappt den Kuchen und frisst ihn auf. Mmh, der Kuchen schmeckt ihm aber gut. Oje – jetzt ist der ganze Kuchen weg. Wo ist er denn? Im Bauch vom Krokodil! Da kommt die Großmutter aus dem Haus. Sie will den Kuchen holen. „Wo ist denn der Kuchen?" Jetzt sieht sie das Krokodil und erschrickt: „Hiiilfe!"

Sie läuft davon, so schnell sie kann und versteckt sich hinter einem Baum. Da kommt die Gretel aus dem Haus. Sie will die Großmutter holen: „Wo ist denn die Großmutter?" Jetzt sieht sie das Krokodil und erschrickt: „Hiiilfe!" Sie läuft davon, so schnell sie kann und versteckt sich hinter einem Strauch.

Da kommt der Kasperl aus dem Haus: „Tiri-tiri-tirallalla, tiri-tiri-tira!"

Er wundert sich, wo die Großmutter und die Gretel bleiben. Jetzt sieht er das Krokodil. „Oje! Du bist sicher aus dem Tiergarten entlaufen! Hoffentlich hast du nicht die Großmutter gefressen!" – „Nein Kasperl, ich habe mich hinter dem Baum versteckt!", ruft die Großmutter. „Hoffentlich hast du nicht die Gretel gefressen!" – „Nein Kasperl, ich habe mich hinter dem Strauch versteckt!" ruft die Gretel.

Schnapp – das Krokodil sperrt sein Maul weit auf! „Pass auf, Kasperl!", ruft die Großmutter hinter dem Baum hervor. „Ja, Kasperl, pass auf!", ruft die Gretel hinter dem Strauch hervor. Aber der Kasperl hat gar keine Angst. „Was machen wir nur mit dir?" fragt er. „Ja, was machen wir nur mit dem Krokodil?", fragt die Großmutter hinter dem Baum. „Ja, was machen wir nur mit dem Krokodil?" fragt die Gretel hinter dem Strauch.

Doch der schlaue Kasperl hat schon eine Idee: „Am besten ist es, ich bringe dich wieder zurück in den Tiergarten!" Aber wie? Zum Glück weiß sich der Kasperl zu helfen. Er läuft ins Haus zurück und holt etwas. „Tiri-tiri-tirallalla, tiri-tiri-tira!"

Was ist denn das? Ein starkes langes Seil. Hopp! Geschickt wirft der Kasperl das Seil um das Maul des Krokodils und zieht es fest zu: Geschafft! „Komm, auf geht's!", sagt er und zieht das Krokodil mit dem Seil hinter sich her. „Gut gemacht, Kasperl!", ruft die Großmutter und kommt hinter dem Baum hervor. „Ich backe jetzt einen neuen Kuchen, bis du wieder da bist!" – „Gut gemacht, Kasperl!", ruft die Gretel und kommt hinter dem Strauch hervor. „Ich helfe der Großmutter, bis du wieder da bist!" Der Kasperl bringt nun das Krokodil zurück in den Tiergarten. „Tiri-tiri-tirallalla, tiri-tiri-tira!"

Dort haben schon alle nach dem Krokodil gesucht und sind froh, dass es wieder da ist. Danke, Kasperl! Doch nun schnell wieder zurück nach Hause – jetzt hast du dir wirklich einen guten Kuchen verdient! Mmh – ich rieche ihn schon! Wenn er fertig ist, werden sich alle den Kuchen gut schmecken lassen: die Großmutter, die Gretel und natürlich der Kasperl. „Tiri-tiri-tirallalla, tiri-tiri-tira!"

Die Purzelfamilie

„Schau doch her, was ich schon kann!"
ruft der große Purzelmann.
„Ei, das kann ich ganz genau
so gut wie du!", sagt Purzelfrau.
„1, 2, 3, das Köpfchen runter!",
ruft der Purzelmann jetzt munter.

Popo hoch, dann geht es los,
schau – sie purzeln ganz famos!
Hinterdrein purzelt geschwind
noch das kleine Purzelkind.
Purzelmann und Purzelfrau
purzeln durch die Purzel-Au.
Und das kleine Purzelkind
purzelt ihnen nach geschwind.

Schau, jetzt geht es frisch und munter
gleich den ganzen Berg herunter.
Und das Purzelkind so klein,
purzelt in den Wald hinein.
Nein, gut lässt sich's dort nicht purzeln,
denn da gibt es zu viel Wurzeln.
Und es eignet sich ein Baum
zum Herunterpurzeln kaum.
Immer lustig, immer heiter,
purzeln sie drum wieder weiter.

Und jetzt purzeln sie ganz schnell,
durch ein finsteres Tunnel.
Purzeln drüben wieder raus,
in den Sonnenschein hinaus.
Auf dem Spielplatz kreuz und quer,
purzeln die Drei hin und her.
Leider ist's im Sand nicht fein –
rieselt überall hinein.
Doch die Rutsche eignet sich
für das Purzeln sicherlich.
Purzelkind ruft laut: „Hurra,

bleiben wir doch etwas da!"
Später geht es wieder weiter,
immer lustig, immer heiter.

Doch auf einmal, schau – o weh,
purzeln sie in einen See.
Patschnass kommen sie heraus.
„Macht nichts!", rufen sie dann aus.
„Purzeln wir im Sonnenschein,
werden wir bald trocken sein!"
Und gesagt, getan,
fangen sie gleich wieder an.
Purzeln hin und purzeln her,
das gefällt ihnen gar sehr.

Immer lustig, immer heiter,
bis zur Straße geht's nun weiter.
„Halt, mein kleines Purzelkind,
Straßen nicht zum Purzeln sind.
Komm zu uns schnell wieder her,
voll Gefahr'n ist der Verkehr!
Besser purzeln wir im Gras,
das ist weich und macht mehr Spaß!"
Und sie purzeln kreuz und quer
auf der Wiese hin und her.
Dann fällt Purzelkind so klein
fast ins Maulwurfsloch hinein.

Immer lustig, immer heiter,
purzeln sie gleich wieder weiter.
Purzeln bis sie müde sind,

schau, schon gähnt das Purzelkind.
Heimwärts purzeln jetzt die Drei,
denn der Tag ist fast vorbei.
Gut schmeckt heut der Abendschmaus!
Bald gehen die Lichter aus.
Und bricht dann die Nacht herein,
schlafen alle Dreie ein.

Für Ostern

Es war einmal ein Häschen

Es war einmal ein Häschen
mit einem Schnuppernäschen
und einem weichen Fell.
Das sprang herum ganz schnell.
Doch dann blieb's plötzlich stehen:

„Ich hab jemand gesehen!"
Und wirklich kam jemand daher –
da fürchtete sich s'Häschen sehr.
Es hoppelte in sein Versteck.
Wo war das Häschen? Weg!

    Weißt du denn, wer gekommen war?
    Ein Schäfchen mit wollweißem Haar!
    Und kaum war's Schäfchen wieder weg,
    kam's Häschen raus aus dem Versteck.
    Doch dann blieb's plötzlich stehen:
    „Ich hab jemand gesehen!".
    Und wirklich kam jemand daher –
    da fürchtete sich s'Häschen sehr.
    Es hoppelte in sein Versteck.
    Wo war das Häschen? Wieder weg!

Und dann kam her, nun schau genau –
Herr Mäuserich mit seiner Frau.
Und kaum war'n beide wieder weg,
kam's Häschen raus aus dem Versteck.
Doch dann blieb's plötzlich stehen:
„Ich hab jemand gesehen!"
Und wirklich kam jemand daher –
da fürchtete sich s'Häschen sehr.
Es hoppelte in sein Versteck.
Wo war das Häschen? Wieder weg!

    Dann kam ein Bär – ganz groß und braun,
    der war gefährlich anzuschaun.
    Und kaum war unser Bär dann weg,
    kam's Häschen raus aus dem Versteck.

Doch dann blieb's plötzlich stehen:
„Ich hab jemand gesehen!"
Und wirklich kam jemand daher –
da fürchtete sich s'Häschen sehr.
Es hoppelte in sein Versteck.
Wo war das Häschen? Wieder weg!

Und dann kam noch jemand daher –
das war kein Mäuschen und kein Bär.
Was glaubst denn du? Wer kam geschwind?
Es war ein zweites Hasenkind.
Und unser kleines Häschen
mit seinem Schnuppernäschen
und seinem weichen Fell,
kam nun herbei ganz schnell:
„Ach, bleib doch bitte stehen,
ich hab dich schon gesehen.
Sag, bist du etwa auch allein?
Dann könnten wir doch Freunde sein!"

Das Hasenkind blieb sofort stehn:
„Ich habe dich auch schon gesehn
und könnten wir zwei Freunde sein,
so fände ich das wirklich fein."
Und unsre beiden Häschen
mit ihren Schnuppernäschen
und ihrem weichen Fell,
die hoppelten ganz schnell.
Sie tollten durch das grüne Gras
und hatten beide sehr viel Spaß.
Sie suchten bunte Eier
für ihre Osterfeier.

Sie spielten Eier-Pecken,
ließen sie sich gut schmecken.

Und als sie müd geworden sind,
was glaubst du wohl, mein liebes Kind,
was haben sie gemacht?
Bevor noch kam die Nacht –
da waren alle beide weg.
Wo war'n sie denn? In dem Versteck!
Drum woll'n wir nun ganz leise sein,
denn sicher schlafen sie gleich ein.

Wann ist Ostern?

In unserem Haus, da wohnt eine kleine Maus. Sie heißt Fipsi und ist sehr schlau. Sie knabbert gern Körner und Käse. Sie nascht gerne Speck. Und will man sie fangen – husch, schnell ist sie weg. Und sie ist sehr, sehr neugierig. Sie will alles wissen. Heute will sie wissen, wann Ostern ist.

Wen könnte sie da fragen? Schnell trippelt Fipsi, die Maus, hinüber zum Bauernhof. Dort grast friedlich das kleine Schaf. „Weißt du, wann Ostern ist?", fragt Fipsi. „Bäh, ich glaub, wenn das Gras wieder saftig und grün wird, dann ist es so weit, dann ist Osterzeit!" – „Dankeschön! Auf Wiedersehn!"

Wen könnte sie wohl noch fragen? Vielleicht die Henne? Die sitzt im Heu und brütet gerade ein paar Eier aus. „Weißt du, wann Ostern ist?", fragt Fipsi. „Gluck, gluck, ich glaub, wenn die Hennen viele Eier legen – dann ist es so weit, dann ist Osterzeit!" – „Dankeschön! Auf Wiedersehn!"

Wen könnte sie wohl noch fragen? Vielleicht die Kinder? Sie trippelt hinaus in den Garten. Dort laufen Max und Mia umher und gucken hinter jeden Baum und unter jeden Strauch. Sie suchen Ostereier. „Wisst ihr, wann Ostern ist?", fragt Fipsi. „Wenn die Kinder Ostereier suchen – dann ist es so weit, dann ist Osterzeit!", rufen die Kinder und suchen eifrig weiter. „Hurra!", ruft da Max. Er hat ein Körbchen mit Ostereiern unter dem Goldregenstrauch gefunden. „Hurra!", ruft da Mia. Sie hat ein Körbchen mit Ostereiern unter dem Haselstrauch gefunden. Max und Mia freuen sich.

Fipsi, die Maus möchte sich auch so freuen. Sie kann es kaum noch erwarten. Viele Tage wartet sie schon auf das Osterfest.

Ist es jetzt endlich so weit?

Ist das Gras schon saftig und grün? Ja, dann ist Ostern da!

Haben die Hennen schon Eier gelegt? Ja, dann ist Ostern da!

Haben die Kinder schon Ostereier gesucht? Ja, dann ist Ostern da!

„Hurra, endlich ist Ostern da!", ruft Fipsi. „Vielleicht finde ich jetzt auch ein Osternest zum Osterfest!" Und schon macht sie sich auf die Suche. Glaubst du, sie hat eines gefunden?

Für Geburtstagsfeste

Das Geburtstagskind

Wen seh ich dort am Berg denn stehn?
Da muss ich schnell hinübergehn.
Und dann sage ich: „Nanu,
du Kleiner da, wer bist denn du?"
„Ei – ich bin der Purzelmann,
weil ich so gut purzeln kann.
1, 2, 3 – schon geht es munter,
diesen steilen Berg hinunter!"

Und weil ich neugierig bin,
frage ich: „Wo geht es hin?".
„Es gibt ein Geburtstagskind,
zu dem purzle ich geschwind.

Ich darf keine Zeit verlieren,
denn ich will ihm gratulieren!"
Macht 'nen Purzelbaum ganz keck
und schon ist er wieder weg.

Weiter purzelt Purzelmann,
purzelt so schnell, wie er nur kann.
Purzelt über Stock und Stein,
purzelt in den Wald hinein.
Dort hat er ein Reh gesehn
darum bleibt er plötzlich stehn:
"Ich will zum Geburtstagskind,
wo heut viele Gäste sind.
Liebes Reh, purzle mit mir,
dort ist's lustiger als hier!"
Schau, das Rehlein purzelt auch,
doch es landet auf dem Bauch.
Noch einmal bemüht sich's sehr,
doch es fällt schon wieder her.
"Purzeln kann ich leider nicht!",
unser liebes Rehlein spricht.
"Bleibe doch ein bisschen hier
und spiel lieber was mit mir!"
"Nein!", sagt Purzelmann geschwind,
"ich muss zum Geburtstagskind!"
Macht 'nen Purzelbaum ganz keck
und schon ist er wieder weg.

Weiter purzelt Purzelmann,
purzelt so schnell, wie er nur kann.
Purzelt über Stock und Stein,

weiter in den Wald hinein.
Dort hat er den Fuchs gesehn,
darum bleibt er plötzlich stehn:
„Ich will zum Geburtstagskind,
wo heut viele Gäste sind.
Lieber Fuchs, purzle mit mir,
dort ist's lustiger als hier!"
Schau, das Füchslein purzelt auch,
doch es landet auf dem Bauch.
Noch einmal bemüht sich's sehr,
doch es fällt schon wieder her.

„Purzeln kann ich leider nicht!",
unser liebes Füchslein spricht.
„Bleibe doch ein bisschen hier
und spiel lieber was mit mir!"
„Nein!", sagt Purzelmann geschwind,
„ich muss zum Geburtstagskind!"
Macht 'nen Purzelbaum ganz keck
und schon ist er wieder weg.

Weiter purzelt Purzelmann,
purzelt so schnell, wie er nur kann.
Purzelt über Stock und Stein,
purzelt immer noch allein.
Purzelt kreuz und purzelt quer,
bis zu dieser Wiese her.
Doch dann bleibt er plötzlich stehn,
denn er hat jemand gesehn.
Und jetzt guckt er ganz genau:
Das ist doch eine Purzelfrau!
„Hallo, du!", sagt er zu ihr,

„Es wär fein, kämst du mit mir.
Ich will zum Geburtstagskind,
wo heut viele Gäste sind!"
Purzelfrau, die freut sich sehr,
alleine sein mag sie nicht mehr.
„Ich komm mit, ei, das wird schön,
das Geburtstagskind zu sehn!"
Und dann macht sie gleich am Fleck
einen Purzelbaum ganz keck.

1, 2, 3 – jetzt geht es los!
Beide purzeln ganz famos.
Purzeln über Stock und Stein,
keiner ist nun mehr allein.
Glücklich purzeln uns're beiden,
denn sie können sich gut leiden.
Gemeinsam suchen sie geschwind,
jetzt nach dem Geburtstagskind.
Und nach vielen, vielen Stunden,
haben sie es auch gefunden.

„Hallo . . . .*, wir sind hier
und wir gratulieren dir.
Wünschen zum Geburtstagsfeste,
liebe(r) . . . .*, dir das Beste!"
Und natürlich gibt's zum Schluss
auch noch den Geburtstagskuss!
Und sie fragen: „Bitteschön,
dürfen wir heut mit dir gehn?"
Schau, sie freuen sich gar sehr,

---

* Hier den Namen des Kindes einsetzen.

purzeln hin und purzeln her.

Fröhlich rufen sie dann aus:

„Wir gehen mit dem (der) . . . .* nach Haus!

Doch zuvor müssen wir ruhn.

Auf Wiedersehn!" – so heißt es nun!

Selbstgebastelte Purzelmännchen eignen sich gut als Geburtstagsgeschenk zur Geschichte.

So wird ein Purzelmännchen hergestellt

Material:

Bastelfilz in verschiedenen Farben

Metall(Blei)kugel

Papprolle (z. B. von einer Alufolie) $\varnothing$ = 2,5 cm, Länge = 3 cm

Klebstoff

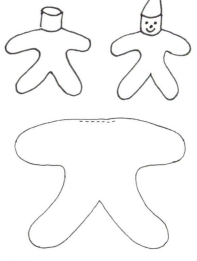

Anleitung:

Den Anzugschnitt passend zur Größe der Kugel zwei-mal aus Filz zuschneiden und beide Teile mit Vorsti-chen zusammennähen. Am Hals die Öffnung für den Kopf freilassen. Die Kugel in die Papprolle legen und beide Enden mit Karton oder Filz zukleben. Die Rol-le dann mit hautfarbenem Filz überziehen und in die Halsöffnung des Anzugs kleben. Die Mütze passend zur Kopfgröße aus einem Filzdreieck ausschneiden und so auf den Kopf kleben, dass sie nach hinten abgeknickt ist, um das Männchen beim Purzeln nicht zu behindern.

Wer möchte, kann anstelle der Mütze auch Wollhaare aufkleben und die Ausstat-tung mit Händen, Schuhen und diversen Accessoires vervollständigen.

Der Geburtstagsstern

Kennst du die Sterne, die hoch oben am Himmel leuchten? Bei Tag kann man sie nicht sehen, aber in der Nacht, wenn der Himmel ganz, ganz dunkel ist, dann leuchten sie hell und klar. Sieh nur, da ist ein großer Stern! Er leuchtet und strahlt ganz hell in der Dunkelheit. Und sieh nur, dort ist ein kleiner Stern! Leuchtet und strahlt er auch so hell? Nein – er flimmert nur ein bisschen und ist deshalb sehr, sehr traurig.

„Ach, könnte ich doch auch so hell leuchten wie du!", sagt er zum großen Stern. „Wenn die Menschen zu dir hinaufsehen, dann freuen sie sich." Der große Stern antwortet: „Die Menschen freuen sich über alle Sterne am Himmel." – „Aber über mich freut sich sicher keiner. Mich können sie ja fast gar nicht sehen!", meint der kleine Stern traurig. „Doch!", erwidert der große Stern. „Auch über dich freuen sich die Menschen, denn du bist nämlich ein ganz besonderer Stern – ein Geburtstagsstern!" – „Ein Geburtstagsstern?", wundert sich der kleine Stern. „Ja, immer wenn auf der Erde jemand Geburtstag hat, sinkt ein Stern vom Himmel hinunter auf die Erde. Schaut nur – eine Sternschnuppe! rufen die Menschen dann und freuen sich, denn eine Sternschnuppe bringt Glück. Am meisten freuen sich aber die Geburtstagskinder, denn ihnen bringt die Sternschnuppe ein ganzes Jahr lang Glück!"

Der kleine Stern blinkt ganz aufgeregt. „Oh, wie schön! Ich werde eine Sternschnuppe und bringe einem Geburtstagskind viel, viel Glück! Ich danke dir, großer Stern!",

ruft er und macht sich gleich auf den Weg zur Erde. „Gute Reise, kleiner Stern!",
wünscht der große Stern und leuchtet besonders hell auf. Langsam und flimmernd
sinkt der kleine Stern immer tiefer.

Sieh nur – jetzt ist er gerade über dem Wald angekommen. Zwischen den Bäumen
hoppelt ein Häschen umher. Als es den Stern entdeckt, wackelt es aufgeregt mit
seinen Löffelohren und ruft: „Sternschnuppe, Sternschnuppe, kommst du zu mir?"
– „Hast du denn heute Geburtstag?", fragt der kleine Stern. „Nein!", antwortet das
Häschen traurig. „Dann musst du auf eine andere Sternschnuppe warten!", sagt
der kleine Stern und schwebt flimmernd weiter.

Auf einem hohen Baum sitzt eine Eule. Als sie den Stern entdeckt, flattert sie aufgeregt mit ihren Flügeln und ruft: „Sternschnuppe, Sternschnuppe, kommst du zu
mir?" – „Hast du denn heute Geburtstag?", fragt der kleine Stern. „Nein!", antwortet die Eule traurig. „Dann musst du auf eine andere Sternschnuppe warten!", sagt
der kleine Stern und schwebt flimmernd weiter.

Hinter einem Strauch liegt ein kleines Rehkitz. Als es den Stern entdeckt, springt
es aufgeregt auf und ruft: „Sternschnuppe, Sternschnuppe, kommst du zu mir?" –
„Hast du denn heute Geburtstag?", fragt der kleine Stern. „Nein!", antwortet das
Rehkitz traurig. „Dann musst du auf eine andere Sternschnuppe warten!", sagt der
kleine Stern und schwebt flimmernd weiter.

Ob der kleine Stern wohl sein Geburtstagskind findet? Ich glaube schon! Guck
einmal! Da ist er ja schon! Jetzt hat der kleine Stern endlich sein Geburtstagskind
gefunden – dich!

*Ein selbst genähtes Sternenkissen aus Frottierstoff, mit Kirsch- oder Dinkelkörnern
gefüllt, eignet sich gut als Geschenk für das Geburtstagskind.*

So wird der Geburtstagsstern hergestellt
Material:
Frotteestoff
Dinkelkörner oder Kirschkerne zum Füllen
Stickgarn

Anleitung:

Den Schnitt nach Bedarf vergrößern und mit Nahtzugabe (ca. 0,5 bis 1 cm) zweimal aus dem Frotteestoff ausschneiden. Den Stern so zusammennähen, dass an einer Längsseite eine Stelle zum Füllen offenbleibt. Dann den Stern wenden und die Zacken mit einem Kochlöffelstiel runden. Auf die Stern-Vorderseite werden nun mit dem Stickgarn Augen, Nase und Mund aufgestickt. Durch die freie Öffnung kann das Sternenkissen mit Dinkelkörnern bzw. Kirschkernen gefüllt werden. Abschließend wird die Öffnung per Hand zugenäht.

Der Stern lässt sich bei Bedarf auch gut in der Mikrowelle oder im Backofen als Wärmekissen erwärmen.

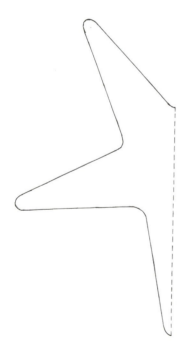

Erzählen in der Familie

Erzählen – warum?

Ob vor dem Schlafengehen, nach dem Essen oder zur Entspannung im turbulenten Tagesgeschehen – Geschichten laden immer zum gemütlichen Beisammensein ein und sollten einen festen Platz im Tagesablauf des Kindes haben. Das Ritual des Erzählens ist für Kinder von klein auf von großer Bedeutung und sorgt dafür, dass sie auch in hektischen Zeiten genug Zuwendung bekommen. Es vermittelt Wärme und Geborgenheit und bietet Eltern und Kindern ein Erlebnis, auf das sie sich gemeinsam freuen und das sie gemeinsam genießen können.

Schon einige Minuten tägliches Erzählen wirken sich positiv auf die Entwicklung des Kindes aus, stärken seine Persönlichkeit und die gefühlsbetonte Bindung zur Familie.

Erzählen – wie?

Geschichten lassen sich ohne viel Aufwand erzählen – jederzeit und an jedem Ort. Wichtig ist es, sich genügend Zeit zu nehmen und auch selbst zur Ruhe zu kommen.

Ein gemütlicher Platz, an dem das Kind weder durch Geräusche noch durch visuelle Reize abgelenkt werden kann und der so bequem ist, dass er zum Zusammenkuscheln einlädt, schafft Nähe und Behaglichkeit. Ein Lied, ein lustiger Reim oder eine Figur, die zur Geschichte passt, stimmen das Kind auf das Geschehen ein und helfen ihm, anzukommen.

Wird die Erzählsituation immer gleich gestaltet, wirkt sich das beruhigend auf das Kind aus. Ein solches „Erzählritual" gibt ihm Sicherheit und steigert die Vorfreude auf die Geschichte.

Erzählen und Vorlesen kann gleichermaßen reizvoll sein. Kleine Kinder können jedoch leichter zuhören, wenn man mit ihnen ständigen Blickkontakt hält. Die Struktur der Reihengeschichten in diesem Buch, die vielen Wiederholungen, die Reime und formelhaften Wendungen erleichtern es dem Erzähler, sich vom Text zu lösen.

Das Buch kann in greifbarer Nähe liegen, um zwischendurch immer wieder einen Blick hineinwerfen zu können. Hilfreich ist es auch, sich die Geschichte durchzulesen, bevor man sie dem Kind erzählt.

Erzählen – lebendig und spannend

Mit Bewegungen, Körperhaltung und Gesichtsausdruck lässt sich beim Erzählen das Geschehen gut veranschaulichen. Die besondere Betonung von Wörtern, das Variieren von Sprechtempo und Lautstärke unterstützen die kindliche Aufmerksamkeit ebenso, wie eine kurze Pause an den passenden Stellen, um die Spannung zu steigern. Die verschiedenen Protagonisten einer Geschichte haben natürlich unterschiedliche Stimmlagen.

Jedes Kind macht gerne mit, wenn es zum Mitsprechen bei formelhaften Wendungen und Reimen angeregt wird, Sätze ergänzen darf und so das Geschehen mitgestalten kann.

Für Kinder, die noch nicht soviel Ausdauer haben, können die meisten Geschichten gekürzt werden, indem man einfach die Anzahl der agierenden Figuren reduziert.

Groß ist die Begeisterung besonders bei jüngeren Kindern, wenn die Geschichte mit „Spieleinlagen" belebt wird. Dazu kann man vor dem Erzählen gemeinsam mit dem Kind unter seinen Spielsachen die zur Geschichte passenden Figuren oder Objekte auswählen, die dann an den entsprechenden Textstellen zum Einsatz kommen und die Geschichte „untermalen": Kastanien zum Mitlegen, Tiere vom Bauernhof, eine Laterne, die während der Geschichte leuchtet.

Das Vorspielen einer Geschichte als „Tischtheater" eignet sich auch sehr gut als Überraschung für einen Kindergeburtstag oder ein Faschingsfest.

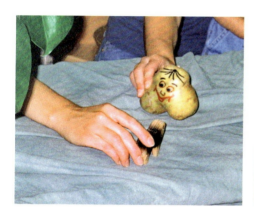 

Erzählen in der Kindergruppe

Das Vorlesen und Erzählen von Geschichten hat im Alltagsgeschehen einer Kindergruppe einen besonderen Stellenwert, weil es einen körperlichen, geistigen und emotionalen Bezug zu den Kindern schafft und die Gruppe zusammenführt. Auch Kleinkinder können in der Gruppe schon einer Geschichte folgen, wenn die Erzählsituation altersgerecht gestaltet wird.

Festgelegte Zeiten für das Erzählen, die besondere Atmosphäre eines eigenen Erzählplatzes und ein ritualisierter Ablauf des Erzählgeschehens geben den Kindern Sicherheit, unterstützen eine freudige Erwartungshaltung und unterstreichen die Bedeutung von Geschichten. Wird das Vorlesen und Erzählen mit einer szenischen Darstellung verknüpft, kann jede Geschichte auch für die Jüngsten zum Erlebnis werden.

Vorbereitende Aktivitäten
Der Erzählplatz
Ruhe, Geborgenheit und eine behagliche Umgebung ermöglichen ein entspanntes Zuhören. In fast jedem Raum gibt es einen Bereich, der sich für das Erzählangebot mit Stoffbahnen, Vorhängen oder Paravents abgrenzen lässt, sodass die Kinder

vor Ablenkung geschützt sind. Matratzen zum Anlehnen, warme Decken und viele weiche Kissen laden zum Hinkuscheln und Verweilen ein. Mit einem Krabbeltunnel, einem Tor oder einer Rutsche lässt sich der Zugang zum Erzählplatz besonders anziehend gestalten.

Das Erzählszenario

Als **Protagonisten** für ein Erzählspiel eignen sich die handelsüblichen Figuren und Tiere: Biege- oder Kegelpüppchen, Holz- oder Kunststofftiere, Puppen und Kuscheltiere. Spezielle **Behelfe** für die unterschiedlichen Themen der Geschichten findet man beim Zubehör für Puppenhäuser. Sie können aber auch selbst aus laminiertem Karton oder aus Modelliermasse hergestellt werden.

Das „Szenario" für die geplante Geschichte wird so aufgebaut, dass es sich direkt im Blickfeld – jedoch außer Reichweite – der Kinder befindet. Ein kleiner Tisch, eine Bank, ein Regal oder eine umgestürzte Kiste bilden die **„Bühne",** auf der sich das Erzählgeschehen abspielt.

Für die **Kulisse** heißt es „improvisieren": Schachteln, Kisten oder Bausteine werden zum Haus, Zimmer oder Mobiliar und mit farbigen Tüchern und Naturmaterial lässt sich das Umfeld der Geschichte (Wiese, Höhle, Teich …) fantasievoll gestalten. Eine stimmungsvolle **Beleuchtung** lenkt die Aufmerksamkeit der Kinder auf die Spielkulisse und steigert die Spannung.

Das Erzählgeschehen

Vertrautheit, Geborgenheit und liebevolle Zuwendung tragen dazu bei, dass sich Kleinkinder in einer Gruppe wohlfühlen und zur Ruhe kommen können. Deshalb soll die ErzählerIn bei den jüngsten Zuhörern immer eine vertraute Bezugsperson sein, die die Kinder und die Gruppensituation kennt. Gerade für ganz junge Kinder ist die Entwicklung eines spielerischen Erzähl-Rituals mit gleich bleibenden Abläufen sehr wichtig, weil es dem Erzählgeschehen eine überschaubare Struktur gibt, an der sie sich orientieren können:

Der Einstieg

Die beruhigende Wirkung von Spieluhrenmusik eignet sich gut zum „Ankommen" und „Loslassen". Ein gemeinsames Lied und eine persönliche Begrüßung geben den Zuhörern das Gefühl, willkommen zu sein. Passende Reime und eine besondere Handpuppe veranschaulichen für die Kleinen das Erzählgeschehen und stimmen sie auf die Geschichte ein. Die Figuren und Gegenstände, die beim Erzählspiel zum Einsatz kommen, sind in einem Korb, einem Sack oder einer Tasche versteckt. Sie dürfen nun von den Kindern „entdeckt" und in die Szenerie eingefügt werden. Das Einschalten der Kulissenbeleuchtung kündigt dann den Beginn der Geschichte an.

Die Geschichte

Wie eine Geschichte präsentiert wird, ist gerade bei Kleinkindern von entscheidender Bedeutung. Sie brauchen beim Vorlesen und Erzählen den direkten Blick- und Körperkontakt mit der ErzählerIn, um aktiv zuhören zu können. Eine anschauliche Erzählweise, bei der die Handlung der Geschichte ins Figurenspiel übertragen wird, ermöglicht es auch Kindern mit geringem Sprachverständnis, dem Geschehen folgen zu können.

Wenn die Protagonisten vor den Augen der Kinder agieren – in einer Szenerie, die die Welt der Geschichte widerspiegelt – wird ihre Aufmerksamkeit gefesselt und sie tauchen förmlich in das Geschehen ein.

So kann jede Erzählung zu einem unvergesslichen Ereignis werden, das in den Kindern noch lange weiterwirkt.

Der Ausklang

Nach dem Ausschalten der Kulissenbeleuchtung löst ein gemeinsames Abschlusslied oder ein passender Reim die Spannung wieder auf und führt die Kinder in das Alltagsgeschehen zurück.

Weiterführende Aktivitäten

Für kleine Kinder ist die Geschichte allein schon ein besonderes Erlebnis und steht für sich. Unterschiedlich nachbereitet, können sich Geschichten jedoch noch besser einprägen:

Kleine-Welt-Spiel

Das Szenario der Spielgeschichten soll für die Kinder während der Spielzeiten frei verfügbar sein. So haben sie die Möglichkeit, das Gesehene, Gehörte und Erlebte nachzuspielen und zu verarbeiten. Im gemeinsamen Spiel lernen sie außerdem, miteinander zu kommunizieren und zu kooperieren. Dabei können sie die Geschichte auch nach Belieben verändern und ihre inneren Bilder umsetzen.

Wiederholungen

Kleinkinder lieben es, die gleiche Geschichte mehrmals zu hören. Dabei werden sie von sich aus aktiv: Sie sprechen die Reime mit, kommentieren die Handlung und erzählen mit. So entwickeln sie ihre eigene Erzählfähigkeit und stärken ihr Selbstvertrauen. Nach ein bis zwei Wiederholungen können Geschichten schon ohne szenische Umsetzung erzählt werden – dann haben die Kinder ihre Struktur und Sprache „verinnerlicht". Nun lässt sich die Handlung mit Hilfe von Mimik, Gestik und darstellenden Bewegungen in Szene setzen. Sehr bewährt für ein „bewegtes Erzählen" hat sich die unterstützende Verwendung von Gebärden aus der „Baby-Zeichensprache", die man in einschlägigen Kursen erlernen kann.

Erzähltheater

Viele der vorgestellten Geschichten können durch den Einsatz von Rhythmus-instrumenten auch als Klanggeschichten angeboten werden. Ältere Kinder über-tragen Handlung und Sprache der Reihengeschichten mit Begeisterung ins Rol-lenspiel. Die Präsentation einer Geschichte in Form eines „Kindertheaters" findet erfahrungsgemäß auch bei Elternfesten großen Anklang.

Die Advent- und Lichtergeschichten eignen sich besonders gut für ein Schattenthe-ater – ein absolutes „Highlight" für Feste in der dunklen Jahreszeit. Jung und Alt werden von der geheimnis- und stimmungsvollen Atmosphäre dieser Erzählform in den Bann gezogen und lassen sich von solchen Geschichten immer wieder ver-zaubern.

Gesprächsanlässe

Entsprechend dazu motiviert, plaudern Kinder gerne über Erlebtes und Erfahrenes. Dazu gibt es im Gruppenalltag viele Möglichkeiten,

- wenn einzelne Protagonisten aus der Geschichte die Kinder im Tagesablauf begleiten: beim Aufräumen helfen, auszählen, ein passendes Lied singen, ein Spiel mitbringen …
- wenn in kleinen „Guck-Schachteln" oder Säckchen Objekte und Figuren aus der Geschichte entdeckt und wieder versteckt werden können.
- wenn sich in einem Kästchen Fotos mit Motiven aus der Geschichte finden.

- wenn zur Geschichte ein Suchrahmen, ein Leporello, ein Bilderbuch oder ein Wandbild gestaltet wird.

Weitere vertiefende Tätigkeiten

- Mit entsprechenden Verkleidungsutensilien (Tierohren, Nikolauskleidung, Kasperlmütze …) können die Kinder zum Rollenspiel angeregt werden.

- Kinder lieben es, Handlungen aus den Geschichten nachzuvollziehen: Mamas Suppe kochen und probieren, sich verstecken wie Mia, sich bewegen wie die Tiere, Geräusche identifizieren, ein Konzert für ein Geburtstagskind spielen, einen Ausflug auf den Bauernhof machen, eine Hasenhöhle einrichten, Vogelkekse backen, ein Purzelmännchen basteln, ein Apfelfest feiern …
- Mit älteren Kindern lassen sich die Eindrücke aus den Geschichten auch im kreativen Tun umsetzen: beim Malen, Formen, Werken.
- Selbstgestaltete Spielmaterialien mit Figuren und Szenenmotiven aus den Geschichten begeistern die Kinder und wirken besonders animierend: Kreisel, Memory, Puzzle, Würfelspiele …

Auf diese Weise werden Geschichten immer wieder variiert, vertieft und mit neuem Leben erfüllt.

Anregungen und Tipps

● Die Vorfreude auf eine Geschichte wächst,
  wenn die Handpuppe am Vortag ihren Besuch ankündigt und ein bestimmtes Requisit aus der nächsten Geschichte mitbringt.
  wenn die Kinder am Erzähltag von der Handpuppe begrüßt werden.
  wenn die Kulisse am Morgen unter Mithilfe der Kinder aufgebaut wird.

● Die Zuhörer-Gruppe soll für die Jüngsten überschaubar sein: Je jünger die Kinder, umso kleiner soll die Gruppe sein.

● Vor dem Erzählangebot brauchen besonders Kleinkinder ausreichende Bewegungsmöglichkeiten. Mit einem Sammellied, einem Anhängespiel oder der Handpuppe können sie dann abgeholt und zum Erzählplatz geführt werden.

● Während der Geschichte wird der Blickkontakt zu den Kindern nur unterbrochen, wenn die Spielfiguren sprechen und agieren. Ihr Charakter und ihre Stimmung lassen sich gut mit unterschiedlichen Stimmlagen und dem bewussten Einsatz der Mimik vermitteln. Der gestische Ausdruck entfällt beim szenischen Erzählen, da die Handlung ja mit den Spielfiguren „beschrieben" wird.

● Die Aufmerksamkeit der kleinen Zuhörer lässt sich gut unterstützen, wenn sie beim Vorlesen und Erzählen miteinbezogen werden. Sie lieben es, jemanden zu rufen, Fragen zu beantworten, Reime und Sätze zu ergänzen, Redewendungen zu wiederholen, Geräusche und Laute nachzuahmen, Bewegungen mitzumachen und Aufgaben zu übernehmen.

● Erzähldauer und Erzähltempo sind von der Altersstruktur der Gruppe, sowie vom Auffassungsvermögen und der Aufmerksamkeit der jüngsten Zuhörer abhängig. Bei den Reihengeschichten im Buch können bei Bedarf einfach Protagonisten oder Handlungssequenzen weggelassen werden.

● Das Anlegen von Text-Stichwortkärtchen und eine gut organisierte Materialvorbereitung sind für das Erzählspiel sehr hilfreich.

Literaturhinweise

Bayr-Klimpfinger, Sylvia / Niegl, Agnes (Hrsg.), „Erzähl uns was!", ÖBV 1978

Bläsius, Jutta, „Streichelgeschichten", Don Bosco 2005

Biermann, Ingrid, „Wir spielen Geschichten", Herder 2003

„Das Kindernest". Geschichten, Gedichte, Spiele und Lieder für Familie und Kindergarten, Herder 1979/80

Gruschka, Helga, „Erstes Erzählen mit Krippenkindern", Don Bosco 2010

Hoffmeister-Höfener, Thomas (Hrsg.), „Offensive Bildung / Erzählwerkstatt im Kindergarten", Cornelsen Scriptor 2009

Jaberg, Caroline, „Winzig klein und riesengroß", Herder 2009

König, Vivian, „Das große Buch der Babyzeichen", Verlag Karin Kestner 2009

Pertler, Cordula / Pertler, Reinhold, „Kinder in der Märchenwerkstatt", Don Bosco 2009

Rau, Marie Luise, „Vom ersten Bilderbuch zum Erzählen, Lesen und Schreiben", Haupt Verlag 2007

Schwalb, Renate, „Kinder fördern mit Märchen, Reimen und Geschichten", Herder 2010

Schwarz, Horst, „Märchen aus aller Welt zum Mitmachen", Cornelsen Scriptor 2009

Ulich, Michaela / Oberhuemer, Pamela, „Es war einmal, es war keinmal ...", Beltz 2005

Weikert, Annegret „Rituale geben Kindern Halt", Südwest 1997

Weinrebe, Helge, „Das Geschichten-Aktionsbuch", Herder 2006

Zitzlsperger, Helga, „Märchenhafte Wirklichkeiten", Beltz 2007

Unsere erfolgreiche Reihe:
Krippenkinder betreuen und fördern

96 Seiten, farbige
Illustrationen
ISBN 978-3-7698-1855-0

104 Seiten, farbige
Illustrationen, Notensatz
ISBN 978-3-7698-1906-9
CD zum Buch:
ISBN 978-3-7698-1907-6

96 Seiten, farbige
Illustrationen, Notensatz,
inkl. Musik-CD
ISBN 978-3-7698-1880-2

96 Seiten, farbige Illustrationen, inkl. Musik-CD
ISBN 978-3-7698-1975-5

88 Seiten, farbige Fotos
und Illustrationen
ISBN 978-3-7698-2016-4

80 Seiten, farbige Illustrationen, inkl. Musik-CD
ISBN 978-3-7698-2045-4

104 Seiten, farbige Fotos
und Illustrationen
ISBN 978-3-7698-2012-6

96 Seiten, farbige Fotos
und Illustrationen,
inkl. CD-ROM
ISBN 978-3-7698-1838-3

DON
BOSCO
KREATIV. PRAXIS

Erzählen mit dem Kamishibai

Kamishibai – Erzähltheater aus Holz
EAN 426017951 039 7

Im Sitzkreis öffnet der Geschichtenerzähler die Flügeltüren des Erzähltheaters, und im schwarzen Bühnenrahmen erscheint das erste Bild. Entlang der DIN-A3-großen Bildfolge wird nun die Geschichte erzählt. Alle Bildkarten sind altersgerecht illustriert und mit kindgerechten Erzählvorschlägen versehen. So können bereits Kinder ab zweieinhalb Jahren dem Geschehen folgen.

EAN 426017951 179 0

EAN 426017951 114 1

EAN 426017951 128 8

EAN 426017951 177 6

EAN 426017951 180 6

EAN 426017951 173 8

Diese und viele weitere Geschichten als Bildkartenset finden Sie auf **www.mein-erzähltheater.de**